KB253133

나를 바꾸는 여섯 가지 직관

느껴라

논리를 넘어선 깨달음

나를 바꾸는 여섯 가지 직관

느껴라
논리를 넘어선 깨달음

오쇼 라즈니쉬 지음 | 윤구용 옮김

직관 : 느껴라! 논리를 넘어선 깨달음

펴 낸 날 | 2006년 5월 24일 초판 1쇄
　　　　　　2026년 2월 27일 개정판 1쇄

지 은 이 | 오쇼 라즈니쉬
옮 긴 이 | 윤구용
펴 낸 이 | 이태권
펴 낸 곳 | 태일출판사
　　　　　서울특별시 성북구 성북로5길 12 소담빌딩 301호 (우) 02880
　　　　　전화 | 02-745-8566　　팩스 | 02-747-3238
　　　　　등록번호 | 1979년 11월 14일 제6-58호
　　　　　e - mail | sodambooks@naver.com
　　　　　홈페이지 | www.dreamsodam.co.kr

ISBN 979-11-6027-486-8 (04150)
　　　　979-11-6027-484-4 (세트)

몸이 자연스럽게 움직이면 이를 본능이라 부른다.

영혼이 자연스럽게 움직이면 이를 직관이라 부른다.

본능은 지성보다 깊고, 직관은 지성보다 높다.

둘 다 지성 위에 존재하며 아름답다.

| 차 례 |

머리말

　직관은 그 속성이 비과학적이고 비논리적이기 때문에 논리적으로 설명할 수 없다. 직관이란 현상은 분별을 넘어선 세계다. 언뜻 보면 "직관을 설명할 수 있습니까?"라는 질문은 아무런 문제가 없어 보이지만, 이것은 "직관을 지적인 것으로 만들 수 있습니까?"라는 말과 같다. 직관은 지능과 연관이 있는 것이 아니라, 지능을 넘어선 그 무엇이다. 지능이 완전히 잊힌 곳에서 나오는 그 무엇이다. 따라서 직관은 설명의 대상이 아니라 느낌의 대상이다.

　지능과 직관 사이에는 틈이 존재하며, 지능에서 직관으로 이동할 때는 비약이 일어난다. 이때 지능은 무엇인가 일어난 것을 알아냄으로써 직관을 느낄 수 있지만 설명할 수는 없다. 설명에는 인과관계가 필요하기 때문이다. 설명은 직관이 나온 곳, 원인과 이유 등에 답하는 것이다. 그러나 직관은 지적인 세계가 아닌 다른 곳에서 오기 때문에 직관에는 지적인 원인이 없다. 지능의 세계에서는 이유와 연결고리, 연속성 등이 존재하지 않는다.

직관은 물론 지능의 세계를 뚫고 지나가지만, 지능과는 아무런 관계없이 일어난다. 높은 차원의 실재는 낮은 차원의 실재를 꿰뚫을 수는 있지만 낮은 차원의 실재는 높은 차원의 실재를 꿰뚫을 수 없다. 그러므로 높은 차원의 직관은 지능의 세계를 꿰뚫을 수는 있지만 낮은 차원의 지능은 직관의 세계를 꿰뚫을 수 없다. 이것은 마음은 몸을 꿰뚫을 수 있지만, 몸은 마음을 꿰뚫을 수 없는 이치와 같다. 존재는 마음을 꿰뚫을 수 있지만, 마음은 존재를 꿰뚫을 수 없다. 그러므로 명상가가 존재 속으로 들어가면 자신과 심신을 분리해야 한다. 몸과 마음은 높은 차원의 형상을 꿰뚫을 수 없다.

높은 차원으로 들어갈 때는 낮은 차원을 놓아야 한다. 낮은 차원의 언어로는 높은 차원을 설명할 길이 없다. 거기에서는 설명의 언어가 무의미해진다. 지능은 직관이 일어난 틈을 느끼고 알 수 있다. '나를 초월한 무엇인가 일어났다.' 이 정도만 할 수 있어도 지능으로서는 대단한 일이다.

지능은 직관을 거부할 수도 있다, 이것은 믿음의 문제이다. '지성이 이해할 수 없는 것은 존재하지 않는다.'라고 생각하는 사람은 믿음이 없는 사람이다. 그는 지능의 세계에 얽매여 낮은 차원에 머문다.

그리고 신비와 직관의 세계에서 말할 기회를 주지 않는다. 이것은 이성주의자의 세계이다. 이성주의자는 초월의 세계는 존재할 수 없다고 믿는다. 이성과 논리의 교육을 받은 사람은 높은 차원의 세계를 부정한다.

"그런 것은 있을 수 없습니다. 그런 것은 상상의 세계요, 꿈의 세계입니다. 나는 이성으로 증명할 수 없는 것은 받아들이지 않습니다."

이성주의자는 이성의 세계에 갇혀있기 때문에 직관이 뚫고 들어갈 여지가 없다.

우리는 마음의 문을 열어놓고도 지성을 사용할 수 있다. 이성을 하나의 도구로 이용하는 것이다. 높은 차원에서 마음의 문을 열어놓는 사람은 위에서 무엇인가 내려오면 이를 받아들일 준비가 되어 있다. 이런 사람은 지성을 하나의 도구로써 이용한다. '나를 넘어선 무엇인가 일어났다.' 이것은 틈새를 이해하는 데 좋다.

지성은 저 너머의 세계를 설명하기보다는 저 너머의 세계를 표현하는 데 사용해야 한다. 붓다는 그 어떤 것도 '설명'하지 않는다. 있는 대로 표현할 뿐, 장황하게 설명하지 않는다. 우파니샤드는 모두 진리를 표현할 뿐, 설명하지 않는다. 우파니샤드는 말한다.

"이것은 이렇다. 저것은 저렇다. 이렇게 일어났다. 진리를 원하면 들어가라. 밖에서 머뭇거리지 말라. 내면에서 밖을 향해 설명하는 것은 가능하지 않다. 그러므로 내면으로 들어가라."

내면으로 들어간다고 해서 누가 진리에 대해 설명해 주지도 않는다. 스스로 체험하고 깨달을 뿐이다. 지성은 진리를 이해하려고 노력하지만, 그 노력의 결과는 뻔하다. 상위의 차원을 하위의 차원으로 끌어내릴 수는 없다.

직관은 어떤 수단도 통하지 않고 곧장 간다. 그래서 직관은 도약이요, 비약이다. 직관은 어떤 상관관계도 없이 한 점에서 다른 점으로 도약한다. 한 걸음씩 나아간다면 그것은 도약이 아니다. 내가 그대에게 걸음을 내딛지 않고 갈 때 그것은 도약이다. 참다운 도약은 더없이 깊다. 이것은 어떤 것이 A점에 존재하면서 동시에 B점에서도 존재하며, 둘 사이에는 아무런 연관성도 없는 상황을 말한다. 이것이야말로 참다운 도약이다.

직관은 도약이다. 직관은 단계별로 오는 무엇이 아니다. 사실 직관은 나에게 오는 것이 아니라 나에게 일어나는 것이다. 아무런 이유도 원인도 없이 일어나는 무엇이다. 이처럼 돌연히 일어나는 것이 바로 직관이다. 이전과 완전히 단절된 돌연한 발생이 아니라면 이성이 그 세계로 접근할 수 있을 것이다. 시간이 걸리겠지만, 이성이 그 돌연한 발생을 이해하고 장악할 수 있을 것이다. 그리고 미래의 언젠가는 라디오나 텔레비전과 같이 직관을 수신할 수 있는 도구를 만들 수도 있을 것이다.

직관이 빛이나 파동으로 움직인다면 인간은 직관을 수신할 수 있는 도구를 만들 수도 있을 것이다, 그러나 직관은 파동의 현상이 아니다. 그래서 인간의 도구는 직관을 수신할 수 없다. 더구나 직관은 현상조차 아니다. 직관은 무에서 존재로의 도약이다. 그것이 바로 직관이다. 그래서 이성은 직관을 거부한다. 이성에게는 직관을 만날 수 있는 길이 없기 때문이다. 이성은 원인과 결과로 나뉠 수 있는 현상만을 만날 수 있다.

이성의 땅에는 기지既知의 세계와 미지未知의 세계만이 존재한다. 미지의 세계는 아직 알려지지 않았지만 언젠가는 인간이 발견할 수 있을 것이다. 신비주의에서는 세 개의 세계가 존재한다. 기지와 미지, 부지不知의 세계가 그것들이다, 신비주의에 따르면 부지의 세계란 인간이 알 수 없는 세계이다.

인간의 지성은 기지와 미지를 다루며, 부지의 세계는 존재하지 않는다. 직관이 알 수 없는 부지의 세계를 다룬다. 이것은 시간만 지나면 알 수 있는 것이 아니다. '알 수 없음'이 그 본성이다. 이것은 인간의 도구나 논리, 수학이 충분히 발전했느냐 발전하지 않았느냐의 문제가 아니다. 부지의 본성은 '알 수 없음'이다. 그것은 언제나 알 수 없는 것으로 존재한다. 이것이 직관의 세계이다.

알 수 없는 것이 알려지면 그 어떤 통로나 연결 없이 도약이 일어난다. 이것은 한 지점에서 다른 지점으로 이동하는 문제가 아니다. 직관은 머리로는 상상할 수 없는 세계이다. 직관을 이해하려고 하지 말고 느끼라고 말하는 것이 넌센스임을 안다. 넌센스란 인간의 감각으로 이해할 수 없는 것을 뜻한다. 마음도 하나의 감각이다. 대단히 미묘한 감각의 형태이다.

직관은 알 수 없는 것이 존재할 때 일어난다. 과학은 신성의 세계를 부정한다. 과학은 이렇게 말한다.

"세상에는 오직 기지와 미지만 존재한다. 만약 신이 존재한다면 우리는 연구를 통해 신을 발견할 수 있을 것이다."

반면에 신비가는 이렇게 말한다.

"인간이 그 어떤 노력을 기울이든 존재의 근원을 알 수 없다. 그곳은 신비의 땅이기 때문이다."

신비가가 틀리고 과학자가 맞는다면 삶은 그 의미를 상실할 것이다. 세상에 신비가 존재하지 않는다면 삶의 아름다운 의미는 파괴될 것이다.

'알 수 없는 세계'야 말로 아름다움이요 의미이며, 영감이요 목적이다. 이 알 수 없음 때문에 삶은 그 의미를 지닌다. 하나도 남김없이 알려지면 모든 것은 김이 빠질 것이다. 지루하고 지겨운 것이 될 것이다.

알 수 없음이야말로 비밀이다. 그것이 삶 자체다.

그래서 나는 이렇게 말한다.

"이성은 미지를 알려는 노력이요, 직관은 부지의 일어남이다. 알 수 없는 세계를 관통하는 것은 가능하지만 이것을 설명하기란 가능하지 않다."

느낌은 가능하지만 설명은 가능하지 않다. 설명하려고 노력할수록 자신의 문은 닫힌다. 그러므로 설명하려고 들지 말라. 이성에게는 그의 땅을 경작하게 하라. 그러는 동시에 이성의 세계보다 심오한 세계가 존재함을 항상 기억하라. 이성보다 심오하며 이성이 이해할 수 없는 세계가 존재한다. 이성이 감지할 수 없는 보다 높은 지성의 세계가 존재한다.

이성은 미지를 알려는 노력이요, 직관은 부지의 일어남이다. 알 수 없는 세계를 관통하는 것은 가능하지만 그를 설명하는 것은 가능하지 않다.

인간의 존재와 그 지도

무의식의 본능을 만족시켜라. 무의식이 더 이상의 만족이 필요 없어졌을 때 비로소 에너지는 지성과 직관을 향해 흐른다. 직관이 제대로 기능할 때 비로소 우리는 인간이 된다. 직관은 나를 참나로 인도한다. 직관은 아무것에도 의존하지 않고, 타자를 필요로 하지도 않는다. 그것이 곧 직관의 아름다움이요 자유이며, 독립이다.

몸이 자연스럽게 움직이면 이를 본능이라 부른다. 영혼이 자연스럽게 움직이면 이를 직관이라 부른다. 둘은 서로 비슷해 보이지만 사실 너무나 다르다. 본능은 물질체인 육체에서 오며, 직관은 신비체인 영혼에서 온다.

둘 사이에 마음이란 전문가가 있는데, 마음은 자연스럽게 움직이지 않는다. 마음은 지식을 뜻한다. 지식은 결코 자연스럽지 못하다. 본능은 지성보다 깊고, 직관은 지성보다 높다. 둘 다 지성 위에 존재하며 아름답다.

머리와 가슴 그리고 존재

인간의 개인성은 그 이해를 위해 분석해 볼 수 있지만, 사실 개인성은 분리할 수 없다. 인간의 개인성은 머리와 가슴과 존재로 통합된 전체이다.

지성은 머리, 본능은 몸, 직관은 가슴의 기능이다. 이 셋 너머에 이들을 관조하는 인간의 존재가 있다.

머리가 하는 일은 생각뿐이다. 그래서 머리는 그 어떤 결론에도 도달하지 못한다. 머리는 말과 언어, 논리를 추구하지만, 머리에는 그 어떤 실존적 뿌리도 존재하지 않는다. 그래서 지난 수천 년 동안의 철학적 사유는 단 하나의 결론도 끌어내지 못했다. 철학은 무익한 것을 위한 엄청난 연습이다. 지성은 답을 만드는 데 대단히 뛰어나지만, 답은 또 다른 문제를 낳을 뿐이다. 지성은 말의 궁전을 짓고 이론의 체계를 세우지만, 이 모두는 모래 위에 세운 집에 불과하다.

몸은 생존을 위해서 지성에 의지할 수 없다. 그래서 호흡과 맥박, 소화와 혈액순환 등 몸의 본질적인 기능은 본능의 손에 있다. 수많은 기능이 몸 안에서 진행되지만 우리는 몸의 기능에 참여하지 않는다. 자연이 인간의 몸에 지혜를 준 것은 잘된 일이다. 그렇지 않고 머리가 몸의 일에까지 끼어들 수 있었다면 인간의 삶은 불가능했을 것이다! 머리가 밤에 숨을 쉬는 일을 잊어버린다면 자면서 어떻게 숨을 쉴 수 있겠는가? 인간의 마음은 잡다한 생각들로 가득하다. 그런 인간의 마음이 어떻게 원활한 혈액순환을 책임지고 각 세포에 적당한 양의 산소를 공급할 수 있겠는가? 어떻게 음식물을 소화하고 분해해서 영양소를 적재적소에 공급할 수 있겠는가? 이런 엄청난 일은 모두 본능이 알아서 한다. 인간의 마음이 끼어들 필요가 없다. 설령 사람이 혼수상태에 빠져도 몸은 자신의 기능을 수행한다.

자연은 신체의 중요 기능을 본능에 맡겼지만, 삶의 의미를 풍요롭게 하는 것들은 따로 남겨두었다. 사람이 겨우 목숨만을 연명한다면 그런 삶에는 의미가 없다. 존재계는 삶에 의미를 부여하기 위해 가슴에게 직관의 일을 맡겼다. 가슴의 직관에서 예술이 나오고, 사랑이 나오며, 아름다움이 나온다. 창조적인 것은 모두 직관에서 나온다.

그러나 인간의 경제적 행위는 직관이 필요하지 않다. 경제는 사랑이나 감수성을 다루지 않는다. 인간의 경제적 행위는 세속적이고 물질적인 것만을 다룬다. 이를 위해 인간에게는 지능이 필요하다. 지능은 세상에서 살아가기 위해, 세속적인 경제 생활을 영위하기 위해 필요하다. 수학과 지리, 역사, 화학 등 모든 과학과 기술은 인간의 지능이 창조한다. 물론 인간의 논리적 지능은 사회생활에 유용한 것임이 틀림없지만, 지능은 눈 밝은 존재가 아니다. 지능은 많은 것을 만들고 창조하지만, 그것이 파괴적인지 창조적인지 모른다. 핵전쟁이 일어난다면 그것 역시 인간의 지능이 자초한 전쟁이 될 것이다.

물론 지성은 인간의 세속적인 삶을 위해 유용한 도구이다. 그런데 이 도구가 인간의 주인이 되었다. 그로 인해 세상에는 무수한 문제들이 발생한다.

인간의 주인은 몸과 마음, 가슴을 넘어선 내면에 숨어있다. 인간은 결코 내면으로 들어가는 법이 없다. 모든 길은 밖으로 향해 있다. 모든 감각도 밖으로 향하고 모든 성취도 세상 속에서 구한다.

지성은 세상을 사는 데 유용하다. 그러나 세상의 교육은 가슴을 무시하고 에너지를 머리로만 가게 하는 테크닉일 뿐이다. 머리에게 가슴은 문젯거리이다. 가슴은 세상의 논리를 모르기 때문이다. 가슴에는 완전히 다르게 기능하는 센터가 있으니, 이것이 직관이다. 가슴은 사랑을 알지만 사랑은 세상을 사는 데 쓸모가 없다. 가슴에는 아름다움이 있지만, 시장바닥에서 그 아름다움은 빛을 잃는다.

화가와 시인, 음악가, 배우 등 가슴을 아는 사람은 모두 머리로 사는 사람들이 아니다. 그들은 아름다움을 창조하고 예술을 창조하지만, 머리로 사는 세상에서 대접받지 못한다. 사회는 예술가를 기인이나 별난 사람으로 취급한다. 자식이 음악가나 화가가 되기를 바라는 부모는 찾아보기 힘들다. 부모는 모두 자식이 의사나 엔지니어, 과학자가 되기를 바란다. 경제적으로 더 많은 대우를 받기 때문이다. 그림을 그리고 시를 써서는 사회에서 먹고살기 힘들기 때문이다. 길거리에 나앉아 노래를 부르며 구걸하는 거렁뱅이가 되기 십상이다.

인간의 역사는 가슴을 거부하는 역사이다. 가슴을 거부하는 일은 곧 여성을 거부하는 일임을 우리는 알아야 한다. 가슴을 받아들이지 않는 사회는 여성을 받아들이지 않는다. 가슴에게 성장할 수 있는 기회를 허용하지 않는 사회에서 여성해방이란 존재할 수 없다. 여성이 가슴이라면 남자는 머리이다. 그 구별은 뚜렷하다.

자연은 본능에게 권능을 주었다. 그러나 사람이 본능을 간섭하면 인간의 본성은 왜곡된다. 지금까지 세상의 모든 종교는 인간의 본성을 왜곡해왔다. 종교는 몸의 일을 간섭한다. 몸은 그 자체로 완전히 순수한 존재이다. 몸이 하는 일에는 한 점도 잘못된 것이 없다. 몸을 있는 그대로 자연스럽게 받아들이면 더없이 좋다. 이것은 가슴을 키우고 성장시키는 일이다. 지성을 키우고 발전시키는 일이다. 지능을 위한 영양분도 몸에서 나오며 가슴을 위한 영양분도 몸에서 나온다. 몸과 머리와 가슴이 온전한 조화를 이룰 때 자신의 존재를 찾는 일은 더없이 쉬워진다. 그러나 세상에서는 몸과 머리와 가슴이 충돌을 일으킨다. 그래서 본능과 지능과 직관 사이에서 벌어지는 충돌과 갈등으로 인해 우리의 삶은 망가지고 허비된다.

지혜로운 사람은 몸과 머리와 가슴을 조화시킨다. 이런 조화 속에서 삶의 근원이자 중심인 영혼이 그 모습을 드러낸다. 이것은 더없는 환희이다. 당사자에게는 물론 온 우주에게도 더없는 환희이다. 그 이상은 없다.

그는 그 어떤 것도 반대하지 않는다. 반대하는 것이 있다면 그것은 부조화뿐이다. 인간의 머리가 부조화의 삶을 연출하기 때문에 머리에게 제자리를 찾아주려고 한다. 머리는 하인일 뿐 결코 주인이 아니다. 머리는 하인일 때 더없이 뛰어나고 훌륭한 존재가 된다.

더블린에 사는 한 우유 배달부가 막 배달을 마치고 말과 마차를 선술집 앞에 세운 뒤, 한잔하러 술집 문을 열고 들어갔다. 한 시간쯤 뒤, 거나해진 배달부가 밖에 나와 보니 누가 말을 밝은 녹색으로 칠한 것이 아닌가! 화가 난 배달부는 술집으로 들어가서 소리쳤다.

"아니, 누가 내 말을 녹색으로 칠했소?"

6척 거구의 아일랜드인이 일어나서 배달부를 내려다보며 말했다.

"내가 했소. 그래서 어쨌다는 거요?"

배달부는 창백해진 얼굴에 미소를 띠며 더듬거렸다.

"아니 그게 아니라, 초벌칠이 말랐다고 알려주려고요."

이렇게 지능은 유용하다! 우리는 지능의 힘을 빌려야 하는 경우가 더러 있다. 그러나 지능을 하인으로 대하되, 주인으로 대하지는 말라.

과거와 현재 그리고 미래

인간에게는 과거가 있고 현재가 있고 미래가 있다. 본능은 인간이 과거 동물이었을 때로부터 온다. 그래서 본능의 역사는 깊고 단단하다. 본능의 역사는 수백만 년이다. 본능이 과거 동물의 삶에서 온다는 말은 결코 본능이 나쁘다는 뜻이 아니다. 사제들은 '동물적인 본능'이라는 말로 인간의 본능을 매도한다. 그러나 나는 비난의 뉘앙스 없이 사실을 있는 그대로 기술할 뿐이다. 인간의 과거는 동물이다. 인간은 수많은 동물의 진화 과정을 거쳐 왔다. 우리는 물고기에서 시작하여 모든 종류의 동물 과정을 거치면서 인간으로 진화했다. 인간이 진화 과정에 도달하는 일은 기나긴 여정이었다.

우리는 인간의 단계에서 지능을 갖게 되었다. 지능은 우리의 현재 모습이다. 우리는 지능으로 기능하고 생활한다. 세상사는 모두 지능을 기반으로 한다. 정치와 경제, 종교와 철학 등 모든 활동은 지능을 통해 이루어진다. 인간은 지능의 존재이다.

본능은 완벽할 정도로 정확하다. 그 역사가 너무나 깊어서 현재는 진화할 만큼 진화한 상태다. 눈이 깜박이는 것은 사람이 하는 것인가 눈이 하는 것인가? 눈이 알아서 저절로 한다. 이것이 본능이다. 계속해서 심장은 고동치고 숨은 들어왔다 나간다. 인간의 생명을 위해 없어서는 안 될 중요한 일들은 머리의 지능이 아니라 몸의 본능이 한다. 본능은 완벽하게 기능한다. 몸의 본능은 결코 호흡을 잊거나 맥박을 잊지 않는다.

지능의 기능은 완벽하지 않다. 지능은 본능만큼 역사가 깊지 않기 때문이다. 지능은 어둠 속에서 더듬는다. 경험의 뿌리가 없으므로 믿음이나 철학, 사상 등으로 대치하려고 한다. 지능은 이런 것들에 집중한다. 하지만 이들 모두는 인간이 만든 것이기 때문에 결점투성이다. 이들 대부분은 특정 상황에서만 적용될 뿐, 상황이 달라지면 맞지 않는다. 지능의 눈은 멀어있다. 그래서 새로운 것을 만나면 어떻게 대처해야 할지 모른다. 지능은 항상 새로운 문제에 지나간 해답을 제시한다.

패디와 씨인은 더블린의 한 사창가 앞에 앉아 가톨릭 신앙의 미덕에 대해 토론하고 있었다. 마침 그 동네 랍비인 기디언 그린버그가 한

매춘업소 앞에서 사방을 두리번거리다가 재빨리 매춘업소 안으로 들어갔다.

이를 본 패디가 열받아 떠들었다.

"방금 봤지? 내가 가톨릭 신자라는 게 얼마나 다행인지!"

10분 후, 성공회 신부가 그 집 앞에 다다라서 사방을 살피더니 얼른 매춘업소 안으로 뛰어들었다.

패디는 신이 났다.

"위선자! 내가 가톨릭 신자라는 것이 감사할 뿐이야."

몇 분 후, 씨인이 패디의 옆구리를 쿡 찌르며 말했다.

"이봐, 친구야. 오머피 신부님이 이쪽으로 온다."

두 사람은 가톨릭 신부가 매춘업소로 들어가는 것을 보고 질겁했다. 잠시 뒤 패디가 벌떡 일어나더니 성호를 긋고 씨인에게 외쳤다.

"왜 그렇게 무례한 거야, 응! 모자 벗고 일어나, 얼른. 그 집에 사람이 죽어서 신부님이 들어갔을 거야."

사람의 지능은 편견을 통해 산다. 지능은 그 본질상 올바를 수 없다. 지능에는 체험이 없기 때문이다. 반면에 본능은 항상 올바르다. 자연스럽고 편안한 존재의 길을 보여준다. 그런데 이상하게도 세상 종교는 본능을 비난하고 지능을 칭찬한다.

물론 모든 사람이 몸의 본능을 따르면 종교나 신, 사제가 필요 없을 것이다. 동물은 신이 없어도 완전히 행복하다. 나는 동물이 신을 그리

위하는 것을 보지 못했다. 단 한 마리의 새도, 어떤 나무도 신을 찾지 않는다. 동물이나 식물은 천국이나 지옥을 두려워하지 않고 그들만의 삶을 아름답고 소박하게 누린다. 동물의 세계에는 가톨릭이나 기독교, 힌두교의 사자(왕)가 존재하지 않는다.

모든 존재계는 인간을 보고 웃는다. 인간이 하는 모양을 보고 웃는다. 새들이 종교와 교회, 신전 없이도 살아갈 수 있다면 왜 인간이라고 해서 안 되겠는가? 새들은 종교전쟁을 하지 않는다. 동물이나 식물 또한 마찬가지이다.

'나는 힌두교, 너는 이슬람교, 우리는 이대로 공존할 수 없다. 네가 우리 종교로 개종하든 아니면 죽기 살기로 싸우든 하나를 고르라! 우리 종교로 들어오기만 한다면 너를 당장 천국으로 보내주겠다!'

본능을 찬양한다면 모든 종교는 그 빛을 잃고 존재 이유를 상실한다. 그 때문에 종교는 지능을 찬양한다.

마지막 세 번째, 인간의 미래는 직관이다. 이들 세 단어를 이해하라.

본능은 육체적이며 수백만 년의 경험으로 축적된 인간의 과거이다. 본능은 결코 오류를 범하지 않으며 수많은 기적을 행한다. 그러나 인간은 본능이 행하는 기적을 자각하지 못한다. 인간은 어떻게 하여 피로 바뀌는가? 사람이 잠들어 있을 때 호흡은 어떻게 계속되는가? 몸은 어떻게 공기에서 산소를 뽑아내는가? 자연이 우리에게 선사한 본능의 세계는 어떻게 몸이 필요로 하는 것을 하나의 오차 없이 공급하는가? 본능은 정신의 작용을 위해 어떻게 산소를 뇌에 공급하는가? 몸의 본능은 정확하게 필요한 산소를 적재적소에 전달하고 노폐물이나 죽은 세포를 몸 밖으로 배출한다.

몸의 본능이 알아서 하는 일을 인간의 과학으로는 도저히 할 수 없다. 이것은 과학이 말하는 바다. 작은 몸 안에서 본능은 무수한 기적을 행한다. 몸이 하는 일을 과학이 하려면 1평방 마일 크기의 공장이 필요하다고 한다. 한 사람의 몸에 해당하는 일을 하기 위해서는 어마어마한 과학기술이 필요한 것이다. 설령 그런 기계가 나온다고 해도 몸의 본능처럼 완벽하게 기능할 수는 없을 것이다. 여기저기 고장이 나고 때로는 전기가 나가 정지하기도 할 것이다. 70년 혹은 100년 동안 본능은 지속적으로 한 치의 오차도 없이 기능한다. 전기 따위가 나가는 일도 없다. 단 한 번의 실수도 범하지 않는다. 모든 것은 세포에 설계된 대로 한 치의 착오도 없이 진행된다. 과학이 세포에 기록된 암호를 해결할 수 있다면 아기가 태어나기 이전에 아기에 관한 모든 것을 예견할 수 있을 것이다. 모든 프로그램이 들어있는 부모의 세포를 통해 태어날 아기의 건강과 질병, 지능, 능력, 운명 등을 알 수 있을 것이다.

마음과 지능의 세계 너머에 직관의 세계가 있다. 우리는 명상을 통해 직관의 세계로 가는 문을 열 수 있다. 명상은 직관의 문을 두드리는 노크다. 직관은 언제나 완전히 준비되어있다. 직관은 인간이 존재계로부터 물려받은 유산이다. 직관은 인간의 의식이요 존재다.

지능은 인간의 마음이다. 본능은 인간의 몸이다. 본능이 몸을 위해 완벽하게 기능하는 것처럼 직관은 인간의 의식을 위해 완벽하게 기능한다. 지능은 본능과 직관 사이에 있다. 본능과 직관의 세계를 이어주는 다리요 통로다. 세상에는 이 다리를 건너보지 못한 사람들이 부지기수다. 그들은 다리 위에 앉아 자신이 존재의 집에 도달했다고 생각한다.

존재의 집은 다리 건너 저편에 있다. 이 다리는 본능과 직관을 이어준다. 모든 것은 자신이 하기에 달려 있다. 다리 위에 집을 짓고 살 수도 있다. 그런 사람은 존재의 길을 잃는다.

지능은 존재의 집이 아니다. 지능은 본능에서 직관의 세계로 나아갈 때 사용하는 작은 도구일 뿐이다. 지능을 사용해 본능과 지능의 세계를 넘어가는 사람만이 지혜로운 사람이다.

직관은 존재에서 오며, 본능은 자연에서 온다. 이 사이에 있는 지능은 어둠 속을 헤맨다. 지능의 세계는 빨리 넘어갈수록 좋다. 지능 위에는 아무것도 없다고 믿는 사람에게 지능은 커다란 장애물이다. 지능 위에 틀림없이 무엇인가 존재한다고 이해하는 사람에게 지능은 더없이 아름다운 다리가 된다.

인간의 과학은 지능의 수준에서 멈추었다. 그래서 과학은 의식의 세계를 전혀 이해하지 못한다. 직관 없는 지능은 세상에서 더없이 위험하다.

과학은 지능을 통해 엄청난 힘을 갖는다. 그런데 현재 과학의 힘은 지혜로운 사람의 손에 있는 것이 아니라 어리석은 사람에게 있다. 그래서 우리는 지금 위험한 시대에 살고 있다.

직관은 사람을 지혜롭게 만든다. 이를 깨달음이나 각성이라고 불러도 좋다. 이들은 지혜의 다른 이름들이다. 지능은 오직 지혜의 손에 들어갈 때 훌륭한 하인 노릇을 할 수 있다.

본능과 직관은 완벽하게 기능한다. 하나는 물질의 차원에서 다른 하나는 영적인 차원에 온전하게 기능한다. 인간의 모든 문제는 마음과 지능이라는 중간 차원에 걸려 옴짝달싹 못 하는 데 있다. 거기서 걱정, 불행, 고통과 덧없음이 나온다. 사방을 둘러봐도 긴장뿐, 아무런 해법이 보이지 않는다.

지능은 모든 것을 문제로 만드는 데 선수이지만 해법을 찾는 데는 전적으로 무능하다. 본능은 문제를 만들지 않기 때문에 해법도 필요 없다. 본능은 자연스럽게 흘러갈 따름이다. 직관은 그 자체가 순수해법이다. 그러나 지능은 문제만 알 뿐, 해법은 알지 못한다.

둘 사이의 차이를 제대로 보면 이것을 쉽게 이해할 수 있다. 본능이 기능하지 않으면 인간은 죽은 목숨이다. 직관이 없으면 삶은 그 의미를 상실한다. 직관을 모르는 사람은 삶을 질질 끌고 간다. 그것은 식물인간의 삶이다.

직관은 삶의 의미와 영광, 기쁨과 축복을 가져온다. 그 누구도 방해하거나 빼앗아갈 수 없는 존재계의 엄청난 비밀과 침묵과 평화를 드러낸다.

본능과 직관이 함께 어우러져 기능할 때 우리는 지능을 제대로 이용할 수 있다. 그렇지 않으면 수단만 존재할 뿐, 목적이 존재하지 않는다. 지능은 삶의 목적을 모르기 때문이다. 이와 같은 상황이 오늘의 세계를 만들었다. 과학은 무수한 것들을 생산해내지만 생산의 참다운 목적을 모른다. 정치가들은 과학의 산물을 이용하지만, 과학의 산물이 파괴적임을, 어쩌면 결국 지구를 파괴할 것임을 모른다. 세상은 지금 지능의 세계를 넘어 직관과 침묵의 세계로 가는 크나큰 반란이 필요하다.

'직관Intuition'이라는 말의 뜻을 제대로 이해할 필요가 있다. '튜이션Tuition'은 밖에서 오는 가르침을 뜻한다. '인튜이션Intuition'은 내면의 존재에 잠재되어있던 무엇이 떠오르는 것을 뜻한다. 지혜를 외부에서 빌려올 수 없다. 외부로부터 빌려온 지혜는 참된 지혜가 아니다. 자신만의 지혜, 비전, 맑은 눈이 없는 사람은 존재계의 신비를 이해하지 못한다.

나는 절대적으로 본능의 편이다. 본능에 간섭하지 말라!

세상 종교는 인간의 본능을 억압하라고 가르친다. 인위적인 단식이란 무엇인가? 몸의 본능을 방해하는 일이다. 몸은 배고파 음식을 원하는데 몸의 주인은 영적인 이유를 들어 굶주리게 한다. 참으로 이상한 영적 수행이 아닐 수 없다. 이것은 영성이 아니라 아둔함에 불과하다. 목이 말라 본능이 물을 원하는데 종교는 물을 먹지 말라고 한다. 자이나교Jainsm, 기원전 6세기 무렵에 마하비라가 일으킨 비브라만(非), Brahman 계통의 무신론 종교. 불교와 함께 인도의 영향력 있는 종교의 하나로,

베다의 교권을 부정하고 엄격한 계율 생활과 불살생(不殺生), 그리고 고행의 실천을 중요시하며, 정신(正信), 정지(正知), 정행(正行)의 삼보(三寶)를 기본체계로 삼음. 신도는 인도 국내에 한정되어 있음_역주에는 밤에 물을 마셔서는 안 된다는 계율이 있다. 인도와 같은 열대지방에서는 특히 여름밤에 목이 마를 수밖에 없다. 자이나교는 인도에만 존재한다.

나는 어린 시절 목이 너무 마른 밤에 물을 몰래 마시면서 죄의식을 느껴야 했다. 타는 듯이 무더운 밤에는 물을 마시지 않고 잠을 이룰 수 없었다. 그런 밤에 나는 뭔가 하지 말아야 할 것, 즉 죄를 범하고 있다고 생각했다. 참으로 이상하고도 몽매한 생각이 아닐 수 없다. 종교는 이런 어리석은 생각을 강요한다.

본능을 받아들일 줄 알아야 한다. 자신의 본능을 온전히 받아들일 줄 알면 직관의 길을 쉽게 찾을 수 있다. 이것은 내가 그대를 위해 공개하는 비의秘儀다. 둘은 비록 다른 차원에서 기능하지만 – 본능은 물질의 차원에서 기능하고 직관은 영적인 차원에서 기능한다 – 본질적인 면에서 둘은 같다. 죄의식 없이 완전한 기쁨으로 본능을 받아들이면 직관의 문이 열린다. 본능과 직관은 그 차원만 다를 뿐, 본질적으로 같기 때문이다. 본능을 온전히 받아들일 때, 본능이 아무런 잡음 없이 차분하고 아름답게 기능을 하는 것처럼 직관 또한 그렇게 기능한다. 훨씬 더 차분하고 아름답게 기능한다.

지능은 장애물이다. 그러나 지능을 장애물로만 받아들이느냐 아니면 발판으로 삼느냐는 전적으로 자신에게 달려 있다. 길을 가다가 바위를 만났다고 해보자. 우리는 이 바위를 장애물로 여길 수도 있고 높은 차원으로 도약하는 발판으로 삼을 수도 있다. 지혜로운 사람은 지능을 발판으로 이용한다. 하지만 종교는 사람들에게 이렇게 가르친다. "지능은 본능을 억압하는 도구로 사용하라." 그래서 사람들은 직관의 세계는 전혀 생각하지 못하고 본능과 싸우는 데 여념이 없다. 본능과 싸우는 일은 자신의 생명력과 싸우는 일이다. 그런데도 사람들은 본능과 끊임없이 싸운다.

자이나교 승려는 계율에 따라 밤이고 낮이고 일 년 열두 달 벌거벗고 수행해야 한다. 심지어 깔개나 담요도 사용해서는 안 된다. 추운 밤에도 몸을 가리거나 덮을 수 없다. 그리고 단식을 해야 한다. 단식을 오래 하면 할수록 더 훌륭한 성자로 존경받는다. 심지어 30일도 하고 40일도 한다. 이것은 몸과 싸우는 고행이다. 영혼은 몸과 싸워 몸을 정복해야 한다.

모든 종교가 형식만 다를 뿐 자이나교와 똑같다. 본능과 싸우는 데 지능의 에너지를 모두 허비하여 직관의 꽃이 필 수 있는 가능성을 말살한다.

직관은 지고의 엑스터시, 불멸의 생명으로 인도하는 '신비의 장미'다. 그러나 인간은 죽은 과거의 손아귀에서 벗어나지 못하고 있다. 사람들은 인간 과학의 모습을 전체로 보지 못하고 낡은 경전이 시키는 대로 따라 한다.

본능과 지능과 직관, 이들 셋이 인간 과학을 구성하는 세 층이다.

본능이 자연스럽게 흐르도록 해야 한다. 그 어떤 이유로든 지능으로 본능을 방해하지 말라. 지능은 직관의 세계를 여는 발판으로만 삼아야 한다. 그러면 직관이 삶을 인도하는 길이 열릴 것이다. 그런 삶은 빛과 영광으로 빛날 것이다. 영원한 축제가 될 것이다.

사다리의 세 계단

직관은 의식의 사다리에서 가장 높은 계단이다. 의식의 사다리는 세 계단으로 되어 있다. 가장 낮은 첫째 계단은 본능이다. 중간의 둘째 계단은 지능이요, 가장 높은 셋째 계단이 직관이다. 이들 셋은 본래 타고난다. 외부에서 배우거나 키울 수 없다.

본능은 동물의 세계에 속한다. 모든 동물은 본능적이다. 우리는 동물에게서 본능 아닌 다른 것도 볼 수 있다고 생각하지만, 이것은 우리가 동물에게 투사한 것임을 알아야 한다. 예를 들어보자. 새끼를 자상하게 돌보는 어미를 볼 때 우리는 동물도 사랑을 한다고 생각한다. 하지만 그렇지 않다. 그것은 우리가 아는 사랑이 아니라 생물학적인 본능일 따름이다. 동물의 어미는 자연이 주입한 본능에 따라 기계적으로 행할 뿐이다. 스스로 의식을 가지고 하는 것이 아니다.

동물의 어미에게는 모성애의 본능이 있는 반면, 동물의 수컷에게는 부성애의 본능이 없다. 동물의 수컷 중에는 종종 자신의 새끼를 죽이거나 심지어 잡아먹기까지 하는 놈들도 많다. 악어만 해도 그렇다. 악어 새끼들은 언제 수컷에게 죽임을 당할지 모르는 생존의 위협 속에서 산다. 어미는 새끼의 생명을 보호하기 위해 부단히 신경을 써야 한다. 반면, 수컷은 새끼를 보면 맛있는 아침 식사를 떠올린다! 동물의 수컷은 부성애의 본능이 없기 때문이다. 어미 악어는 수컷으로부터 새끼들을 보호할 때 새끼들을 입에 물고 있다. 어미 악어의 입은 대단히 크기 때문에 한입으로 12마리의 새끼를 입에 물고 있을 수 있다. 어미 악어가 날카로운 이빨을 가졌음에도 불구하고 새끼들은 어미의 입속에서 안전하다. 문제는 새끼들이 어미와 수컷을 분간하기가 쉽지 않다는 것이다. 서로 비슷해 보이기 때문이다. 종종 새끼가 어미와 비슷하게 보이는 수컷 주위로 갔다가 수컷의 입속으로 영원히 사라지기도 한다.

새끼의 어미는 수컷과 과감히 싸워 새끼들을 보호한다. 그래서 자연은 많은 악어 새끼들을 내보내는지도 모른다. 악어 어미는 매년 12마리의 새끼를 낳는다. 악어의 기본 개체 수를 유지하려면 어미는 그중 2마리를 살려내면 되지만, 보통 어미는 새끼들의 절반을 살려낸다.

이를 관찰해본 사람은 수컷은 사랑이나 따뜻한 마음이 눈곱만큼도 없이 잔인하며, 어미는 어미답다고 생각할 것이다. 하지만 이것은 인간적인 시각일 뿐이다. 악어 어미는 자신의 자유의지로 새끼들을 보호하는 것이 아니다. 그것은 자연이 준 호르몬 때문이다. 수컷에게는 어미의 호르몬이 존재하지 않는다. 만약 수컷에게도 어미의 호르몬을 주입한다면 새끼를 죽이지 않을 것이다. 이것은 생화학의 문제일 뿐, 심리학을 비롯해 생화학을 넘어선 것의 문제는 아니다.

인간 삶의 90%는 동물의 세계에 속한 것이다. 인간은 동물적인 본능으로 산다.

우리는 남녀가 사랑에 빠지는 것이 무엇인가 대단한 일이라고 생각하는 경향이 있지만, 여기에 대단한 것은 없다. 남녀 간의 사랑은 본능적인 몰입일 뿐이다. 호르몬이 호르몬을 끌어당길 뿐이다. 인간은 자연의 손에 놀아나는 장난감이다. '본능적이다'라는 사실은 인간에게 모욕적이다. 우리는 사랑이 생화학적인 것이라고 믿고 싶어 하지 않는다. 좀 더 고상하고 시적이고 미적이며 철학을 담고 있는 것이라고 믿고 싶어 한다.

'사랑이 생화학적인 일이라니, 말도 안 된다!'

이런 사고방식으로는 삶을 깨달을 수 없다. 우리는 사물을 잇는 그대로 볼 줄 알아야 한다. 이것과 저것을 명확하게 구별할 수 있어야 한다. 그렇지 않으면 삶의 혼란에서 빠져나올 수 없다. 에고는 계속해서 본능의 계단에 속한 것을 고상한 것으로 착각하고 싶어 할 것이다.

인간의 사랑은 생리현상이 만들어낸 환상이다. 낭만과 쾌감이 없는 사랑을 생각해보자. 사랑에 낭만과 쾌감이 사라지면 섹스와 그 허

무한 사랑을 계속하고 싶어 하는 사람은 없을 것이다. 너무나 어리석어 보이지 않는가! 낭만과 쾌감을 뺀 생리적인 사랑을 생각해보라. 그러면 섹스는 부끄러운 일이 되고 만다. 섹스에 대해 허풍을 떨 일이 아무것도 없다. 바이런이나 셸리의 미학이나 낭만도 없이 자연의 번식을 위해 섹스를 해야 하는 자신을 생각해보라. 인간의 삶은 한정되어 있다. 그래서 자연은 사람이 죽기 전에 사람을 통해 또 다른 개체를 번식하게 한다. 그래야 인간의 생명은 계속될 수 있다. 이 때문에 성이 존재한다. 하지만 인간은 낭만적인 감정 없이 섹스하고 싶어 하지 않는다. 그래서 인간은 섹스 주위에 커다란 연막을 친다. 이 연막을 두고 인간은 사랑이라 부른다. 인간은 섹스가 곧 사랑이라고 믿고 그렇게 가장한다. 하지만 자세히 관찰해보라.

인간은 항상 이성 쪽으로 에너지가 쏠린다. 이성에 대한 본능은 숨바꼭질이다. 나라와 문화를 불문하고 전 세계 어디서나 어린아이들이 빠짐없이 하는 놀이가 두 가지 있다. 종교와 문화, 인종과 사회와 언어를 불문하고 중국과 아프리카, 인도, 미국 등 전 세계 구석구석에서 하는 놀이가 있다. 그중 하나가 숨바꼭질이다. 참으로 이상하게도 숨바꼭질이 존재하지 않는 사회는 세계 어디에도 없다. 이것은 인간의 본능과 어떤 관련을 가지고 있음이 분명하다. 어린아이들의 숨바꼭질은 어른들이 하는 숨바꼭질의 축소판일 것이다. 그래서 인간은 어릴 때부터 죽을 때까지 끊임없이 숨바꼭질을 계속한다.

항상 여자는 숨는 쪽이요 남자는 찾는 쪽이다. 남자에게 찾는 것은 하나의 도전이다. 여자가 더 깊이 숨을수록 남자는 더 많이 흥분하며 도전욕으로 불탄다.

하여튼 전 세계 어느 사회에서나 아이들은 숨바꼭질 놀이를 한다. 숨바꼭질 선교사가 있어 이를 전 세계적으로 보급한 것이 아니다. 그런데도 숨바꼭질은 어떻게 해서 전 세계적으로 보편화되었을까? 그것은 숨고 찾고 하는 인간의 본능에서 온 것임이 틀림없다.

그래서 이것은 자연발생적으로 일어난다. 누가 특별히 결정해서 벌어지는 일이 아니다. 이것은 생리적인 본능에서 오는 현상이다. 자연은 지혜롭게도 인간에게 사랑이라는 환상을 심어주었다. 그렇지 않았다면, 섹스가 생명의 연장이나 번식만을 위한 것이라면 인간은 그 어려운 섹스 운동을 하지 않을 것이다. 바쯔시아야나Vatsyayana, 인도 성 교본으로 알려진 『까마 수뜨라(Kama Sutra, 기원후 4세기경)』의 저자_역주가 기술한 괴이하고 어리석은 84체위를 하려 들지 않을 것이다. 사랑을 빼면 인간의 성은 동물의 그것과 다를 바 없다. 이것이 인간에게는 너무나 중요한 문제였으며 지금도 골치가 아픈 문제이다. 그래서 미래에는 좀 더 나아지기를 희망할 뿐이다.

남자는 여자를 찾고 설득하고 연애편지를 쓰고 선물을 보내는 등 모든 수단과 방법을 동원하여 구애하다가 일단 여자를 얻고 성욕을 채우면 상대에 대한 관심이 사라지기 시작한다. 자신도 모르는 사이에 그렇게 된다. 성욕을 채운 남성은 자신이 사랑했던 상대 여성에게 상처를 주지 않으려고 노력한다. 하지만 인간의 생리적인 현상은 이렇게 진행된다. 낭만이나 사랑 따위는 추하게 보이는 인간의 섹스를 감추려는 자연의 연막이요 아름다운 가리개다.

일단 성욕을 채운 남성에게 자연의 일은 끝난다. 그리고 모든 연막은 사라진다. 본능은 섹스밖에 모른다. 사랑은 쓰디쓴 약을 삼킬 수 있도록 약 표면에 입힌 설탕 코팅이다. 이 약을 입에 계속 물고 있지마라. 입에 계속 물고 있으면 설탕 코팅이 녹고 약을 삼킬 수 없다.

그래서 사랑하는 남녀는 섹스 속으로 허겁지겁 달려든다. 왜 달려드는가? 왜 천천히 기다리지 못하는가? 얇은 설탕 코팅이 녹는 것을 두려워하기 때문이다. 조금이라도 지체했다간 얇은 코팅이 녹아 삼키기에는 너무나 쓰디쓴 약이 되고 말 것이다.

본능은 인간을 인간답게 만들지 못한다. 오히려 본능은 인간을 직립 동물로 만든다.

두 번째 계단인 지능은 동물적인 본능이나 생리적인 현상보다 상위에 있다. 직관이나 본능처럼 지능도 타고난다. 지능을 발전시킬 방법은 없다. 인간이 할 수 있는 일은 잠재되어있는 지능을 밖으로 드러내는 일뿐이다. 잠재되어 있는 지능을 밖으로 드러내는 일이 겉으로 보기에는 지능을 발전시키는 것처럼 보인다. 지능이 대단히 뛰어난 사람도 자신의 잠재능력의 15%밖에 사용하지 못한다. 이것이 인간의 현실이다. 아인슈타인이나 러셀 등도 지능의 85%는 손도 대보지 못했다. 숨겨진 85%를 계발하면 인간은 엄청난 발전을 이룩할 수 있다. 숨은 재능을 계발한다는 것은 원래 자신의 능력을 발굴하는 것이요 되찾는 것이다.

인간은 기억력이나 지능을 증진하는 교수법들을 개발했다. 세계 모든 곳에서 진행되는 교육제도는 모두 지능을 계발하는 데 전력을 기울인다. 그런데 교육자들이 전혀 예상하지 못한 문제가 발생했다. 지능이 강해지면서 지능이 본능을 간섭하기 시작한 것이다. 파워게임, 즉 경쟁이 시작된다.

인간의 지능은 힘을 갖기 시작하면서 본능을 지배하려고 한다. 지능에는 그 나름의 이유가 있다. 이성과 논리 등의 무수한 증거를 들이대며 '본능은 악이다.'라고 규정한다. 그래서 세상의 종교는 모두 본능을 비난한다.

이것은 모두 지적인 게임일 뿐이다. 본능은 무의식의 부분이요 지능은 표면 의식의 부분이다. 표면 의식은 무의식의 10분의 1에 지나지 않는다. 빙산의 일각에 불과하다. 빙산은 10분의 1만 수면 위로 올라와 있을 뿐, 나머지는 물에 잠겨있다. 인간의 보통 의식은 10분의 1에 불과하다. 그런데 10분의 1이 나머지 전체를 지배하려 든다? 인간은 드러난 표면 의식만 알고 있을 뿐, 잠재 의식이나 무의식은 모른다.

학교나 교회에서, 회당에서는 표면 의식의 세계만을 가르친다. 표면 의식이 본능과 싸우도록 가르친다. 이것은 참으로 추한 현상이다. 이와 같은 사회 교육은 자신과 자연에 거스르라는 훈련일 뿐이다.

무의식은 항상 조용하다. 이것은 깊은 어둠 속에 있다. 무의식은 표면 의식을 신경 쓰지 않는다. 표면 의식으로 결정한 것은 어느 순간이고 무의식 때문에 거부당할 수 있다. 무의식은 표면 의식보다 무려 9배나 강하기 때문이다. 무의식은 인간의 논리나 이성 등에 신경 쓰지 않는다.

고타마 붓다와 같은 남자가 그의 승가僧家에 여자를 받아들이지 않으려고 노력한 데는 그만한 이유가 있었다. 붓다는 완전히 남성들로만 이루어진 승가를 원했다. 나는 비록 그의 시각에 반대하지만, 그 이유는 이해한다. 붓다의 이유를 생각해보자. 붓다는 승가에 여성이 들어오기 시작하면 남성 승려들의 무의식에 어떤 변화가 올지 알고 있었던 것이다. 그것은 심리의 문제였지 종교의 문제가 아니었다.

프로이트나 융, 아들러 등은 고타마 붓다에 비하면 피그미와 같은 존재들이다. 여자라고 승가에 들이지 않은 행위는 비록 비인간적으로 보일지 모르지만, 그의 통찰을 깊이 들여다보면 거기에는 나름의 근거가 있음을 알 수 있다. 그 근거는 여자가 아니다. 그는 무조건 여자를 몰아내라고 말하지 않는다. 그의 말은 이렇다.

"나는 그대들이 무의식과 싸워 승리할 수 없음을 안다."

붓다는 여자를 비난했던 것이 아니라 제자들의 무의식을 보았던 것이다. 승가에 여자가 하나둘 들어오기 시작하면 제자들의 무의식이 마음을 압도할 것임을 붓다는 알고 있었다.

붓다는 이런 일이 벌어지지 않도록 여러모로 노력했다. 붓다는 승려가 길을 가다 여인을 만나면 여인의 얼굴을 보지 못하도록, 기껏해야 여인의 다리만 보도록 항상 1m 앞만 보고 걸으라고 경계했다. 붓다는 대중에게 이렇게 말했다.

"여인에게는 말도 걸지 말 것이며, 더구나 손을 대서는 더더욱 안
된다."

한 승려가 붓다의 말을 들으려 하지 않았다.

"길가에 쓰러진 여인을 보고도 그렇게 하라는 말씀입니까? 병으로
쓰러져 죽어가는지도 모르는데요. 그런데도 말도 걸지 말고 손도 대
지 말라는 말씀이십니까? 그러면 그렇게 위급에 처한 여인을 돕지도
말라는 말씀입니까?"

붓다가 이렇게 설명했다.

"물론 위급한 경우에는 여인에게 말을 하고 손을 대도 괜찮다. 그
러나 상대가 여인이라는 사실에 깨어 있어야 한다."

붓다가 그토록 강조했던 것은 '깨어 있음'이었다. 그는 여인을 탓
한 것이 아니라 제자들의 무의식을 경계했던 것이다. 깨어 있는 사람
은 무의식이 지배하지 못한다.

여러 종교가 여자를 멀리하려고 노력했던 것은 여자를 미워했기
때문이 아니라 승려와 사제를 보호하려고 했기 때문이다. 물론 나는
그들의 방법에 동의하지 않는다. 그들이 쓴 방법은 승려를 보호하는
방법이 아니라 오히려 상황을 심각하게 만드는 방법이었기 때문이
다. 여자와 말을 하거나 손도 잡아보지 못하고 여자에 대해서는 아무
것도 모르는 승려는 여자와 말을 하거나 손을 잡아보고 나아가서는
같이 살아본 사람보다 본능에 사로잡힐 가능성이 훨씬 커진다.

수사와 수녀는 본능에 훨씬 많이 사로잡힌다. 본능을 생활 속에서 자연스럽게 풀어내지 않고 생활과 분리시키면 본능은 엄청나게 강력해진다. 심지어 마약처럼 강력해져 본능이 밖으로 튀어나오면 사람은 본능에 휩싸이고 도취된다. 중세시대에 교황이 소집한 종교재판에서 일부 수사들은 이런 환각 상태를 고백하기도 했다. 종교재판에서 순수한 수사와 수녀들을 소환해서 "악마나 마녀와 육체적인 관계를 맺은 적이 있는가?"라는 질문에 "예, 밤에 마녀가 찾아왔습니다.", "예, 악마와 그런 일을 했습니다."라고 고백하는 수사나 수녀가 있었다.

악마나 마녀에게는 수도원의 높은 담벼락이나 튼튼한 자물쇠도 소용없었다. 수사나 수녀들은 악마나 마녀가 어떻게 생겼는지, 어떻게 저항할 수 없는 마력에 이끌려 성적인 관계를 맺었는지 자세하게 기억했다. 교회 측에서는 다른 수사와 수녀들에게 본보기를 보이기 위해 이들을 산 채로 화형에 처했다.

그러나 아무도 진실을 들여다보려고 하지 않았다. 설령 문을 열어놓는다고 하더라도 마녀 같은 것은 들어오지 않는다. 악마도 마찬가지이다. 왜 이들 악마나 마녀는 오직 가톨릭 신자들에게만 오는가? 이상하지 않은가? 가톨릭 신자에게 무슨 잘못이 있기에?

이유는 간단하다. 그들은 성을 지나치게 억압한 나머지 무의식 안에서 비등점을 향해 끓고 있기 때문이다. 그들이 꿈속으로 들어가면 꿈은 억압한 것들을 대단히 상세하고 생생하게 그려낸다. 그 강도와 깊이는 자신이 얼마나 억압했느냐에 달려 있다. 2, 3일만 굶어보라. 그러면 꿈속에서는 매일같이 진수성찬의 잔치가 열릴 것이다. 단식이 길어지고 배가 더 고파질수록 그 잔치는 더욱 성대해지고 음식들은 더욱 맛있고 향기롭고 사실적으로 변한다. 21일을 단식해보라. 그러면 대낮에 눈을 뜨고도 맛있는 음식을 꿈꾼다. 이제는 감미로운 음식을 꿈꾸기 위해 잠에 빠져들 필요도 없다. 무의식이 표면 의식으로 침투하기 시작한다. 밤뿐 아니라 낮에도 악마나 마녀가 찾아와 사랑을 나누었다고 많은 수사나 수녀들이 고백했다. 수사나 수녀들은 어쩔 수 없었다. 그것은 그들의 능력 밖이었다.

다른 종교도 마찬가지이다.

나는 세상의 종교가 한 일을 명확하게 이해하기 때문에 그들의 길을 따르지 않는다. 그들의 의도는 좋은 것이었지만 인간에 대한 이해가 깊지 못했다. 여자와 남자가 같이 살면서 서로의 몸과 음양, 그 차이를 배우고 경험해야 한다. 그렇게 해야 억압받은 무의식이 자신의 의식을 지배하지 않는다.

무의식이 억압에서 자유로워지면 본능은 완전히 다른 성향을 띤다. 본능이 지능과 하나가 되는 것이다. 더는 무의식을 억압하지 않고, 억압의 베를린 장벽이 사라지면 무의식은 수면 위로 떠오른다. 그래서 집을 들락거리듯 무의식을 자유롭게 출입할 수 있다.

구제프(Gurdjieff, George, 1872~1949), 그리스계 아르메니아인으로, 한때 인도와 티베트 등을 여행하면서 동양의 신비주의를 배웠으며, '조화로운 인간

개발연구소The Institute for the Harmonious Development of Man'를 설립하여 동양의 신비주의를 서양에 널리 소개했음. 그의 저서로는『Meetings with Remarkable men(위대한 사람들과의 만남)』,『All and Everything(전부 그리고 모든 것)』,『Beelzebub's Tales to His Grandson(벨제붑이 손자에게 들려주는 이야기)』등이 있음_역주가 집에 비유했듯이 인간은 3층으로 된 집이다. 1층은 무의식이요, 2층은 의식이며, 3층은 초의식이다. 본능과 지능 사이에 그 어떤 갈등도 일으키지 않는 사람은 비로소 동물의 왕국을 떠나 인간세계로 진입한다. 삶과 진리, 존재, 그리고 자신을 알고자 하는 모든 사람은 본능과 지능을 하나 되게 하는 방법을 알아야 한다.

자신의 9할을 억압하면서 어떻게 자신을 알겠다는 말인가? 사람들은 무의식이라는 지하창고에 더는 들어갈 수 없을 정도로 자신을 억압한다. 세상에서 종교적이라고 하는 사람은 모두 두려움에 떨면서 산다. 그들의 두려움은 무엇인가? 그 두려움은 무의식과 억압된 본능에서 오는 두려움이다. 본능은 끊임없이 의식의 문을 두드린다.

"문을 열라. 나도 들어가고 싶다. 나도 내 바람과 꿈을 실현하고 싶다."

본능은 억누르면 억누를수록 더욱 위험해진다. 본능은 억눌리면 굶주린 늑대가 된다. 세상에서 종교적이라고 하는 사람들은 굶주린 늑대에 둘러싸인 채로 산다. 이것은 고문과 같은 삶일 뿐이다.

무의식과는 친하게 지내라. 생리적인 현상은 마음껏 누려라. 생리적인 현상을 마음껏 누리면 의식과 무의식이 싸우는 일이 사라진다.

이 점을 깊이 들여다보라. 그래야 정신이 온전해진다. 의식과 무의식이 갈등을 일으키지 않을 때 인간의 정신은 하나로 온전히 통합된다. 그러면 본능을 억압하는 데 쓰였던 지능이 크게 발전한다. 인간은 화산 위에 올라앉아 화산이 폭발하는 것을 꾹꾹 누르고 있다. 화산은 폭발하게 되어 있다. 화산의 폭발을 막기에는 인간의 힘이 너무나 미약하다. 일단 이 화산이 폭발하면 인간은 산산조각이 난다. 그러므로 화산이 폭발할 때 정상으로 살아남는 일은 거의 불가능하다.

세상의 정신이상자들과 정신병원들을 보라. 그들은 왜 그렇게 되었는가? 무엇이 잘못되었는가? 그들은 다시는 이어붙일 수 없을 정도로 산산조각이 났다. 본능의 욕구를 충족시키지 않으면 산산조각이 난 그들의 정신을 복원할 수 있는 길은 없다. 세상에 과연 누가 이 진실을 말할 수 있는가? 나는 이 진실을 지난 35년 동안 줄곧 이야기했다. 그래서 세상은 온통 나에게 비난을 퍼부었다.

일전에 독일의 주간지인 〈스턴 Stern〉이 15쪽에 달하는 커버스토리에서 우리 코뮌을 다룬 적이 있다. 〈스턴〉은 우리 코뮌에 관한 기사를 무려 5회에 걸쳐 연재했는데, 그들의 기사 제목이 가관이다. '섹스 나라', 정말로 더없이 훌륭한 기사 제목이다! 그들의 기사 이면을 보라. 참으로 기이한 일이 아닐 수 없다! 진정으로 섹스 나라에서 사는 이들은 누구인가? 〈스턴〉의 기자나 편집자나 이사들인가, 아니면 우리인가?

〈스턴〉은 여성 누드 잡지이다. 그들이 다루는 나체사진은 전라가 아니라 반라의 도발적인 사진들이다. 사실 완전히 벌거벗은 여자의 몸은 그렇게 섹시하지 않다. 섹시한 옷으로 은밀하게 감출 때 사진은 보다 섹시해진다. 이것은 또 다른 숨바꼭질 게임이다. 사람들은 실오라기 같은 옷을 마저 벗은 여자의 몸을 상상한다. 사실 여자의 육체나 남자의 육체는 모두 같다. 불을 꺼보라. 색깔도 차이도 모두 사라진다. 어둠은 그야말로 공평무사하다. 어둠 속에서는 자신의 아내도 사랑할 수 있다.

세상은 참으로 요지경이다. 섹스로 넘쳐나는 도색잡지가 우리에게 섹스 나라라 한다! 심지어 〈플레이보이Playboy〉도 나를 비난했다. 정말로 이상한 세상이 아닐 수 없다! 그러나 사람들의 성욕을 이용해 판매 부수를 늘리는 삼류 도색잡지인 〈스턴〉이나 〈플레이보이〉가 왜 나를 비난하는지 안다. 〈스턴〉의 판매 부수는 2백만 부에 가깝다. 한 부를 약 8명의 사람이 본다고 가정하면 〈스턴〉의 구독자는 무려 1,600만 명에 이른다.

그들은 왜 나를 비난하는가? 그들이 나를 비난한 것은 하루 이틀이 아니다. 참으로 여러 해 동안 그랬다. 그들이 한사코 나를 비난하는 이유는 내가 성공하면 그들은 문을 닫아야 하기 때문이다. 그들은 인간의 억압을 먹고 산다. 간단한 논리이다. 그래서 그들은 나를 비난한다. 성을 반대하는 사제들도 나를 비난하고, 성으로 먹고사는 세상의 무수한 도색잡지들도 나를 비난한다. 참으로 이해하지 못할 노릇이다. 그들은 교황에 대해서는 일언반구도 하지 않는다. 그들은 교황을 비난하는 기사를 단 한 줄도 쓰지 않는다. 당연히, 〈플레이보이〉는 성을 비난하는 교황을 반대해야 함에도 불구하고 말이다.

여기에는 근원적인 논리 구조가 존재한다. '교황이 성을 비난하면 할수록 인간의 성은 더욱 억압되고 〈플레이보이〉는 더욱 잘 팔린다.' 세상에서 〈플레이보이〉나 〈스턴〉 등을 보지 않는 곳은 나의 코뮌이 유일하다. 나의 길이 성공하면 세상의 도색잡지나 소설, 영화 등은 이 세상에서 모두 사라질 것이다. 이처럼 교회와 도색잡지의 배후에는 보이지 않는 음모나 묵계가 숨어있다. 그래서 그들은 하나같이 나를 반대한다. 내가 섹스 전도사라도 된 것처럼 그들 모두는 섹스라는 이름으로 나를 비난하고 반대한다.

세상에 섹스 전도사가 있다면 그는 인간의 신이다. 나는 섹스와 아무런 관련이 없는 사람이다. 신은 성호르몬으로 끊임없이 아이들을 생산한다. 교황의 논리가 맞는다면 신은 이를 중단해야 한다. 도색잡지들도 신을 반대하지 않는다. 신이 계속해서 도색잡지의 시장을 제공하기 때문이다. 교황과 포르노그래피는 보이지 않는 곳에서 묵계를 하고 있다. 내가 그들의 게임에 끼어들자 그들은 공동으로 나를 비난한다. 내가 그들의 게임을 망칠까 봐 무서운 것이다.

사제집단과 도색잡지 모두는 인간의 억압된 무의식을 악용하고 있다. 이렇게 볼 때 그들이 나를 비난하는 이유를 이해할 수 있다. 그들은 생존을 위해 나를 반대할 수밖에 없다. 그러나 내가 섹스 나라를 만들었다면 〈스턴〉만큼은 나를 비난하지 말았어야 했다. 〈스턴〉은 나의 길을 찬성하고 옹호해야 마땅하다. 그러나 그들은 나에 대해 몹시 분노했다. 〈스턴〉은 그들이 왜 나에게 분노하는지조차 알지 못했다. 그들은 무의식적으로 나를 비난했을 것이다. 사실은 바로 그 무의식이 원인이다.

무엇을 억압하면 그것은 귀중해진다. 더 억압하면 더 귀중해진다. 억압하지 않으면 그 가치를 상실한다. 밖으로 표현하면 연기처럼 사라진다.

나는 단연코 세상을 향해 선언할 수 있다.

"나의 코뮌이야말로 섹스가 아무런 가치가 없는 유일한 곳이다."

나의 코뮌에서는 누구도 섹스에 대해 신경을 쓰지 않는다. 섹스에 대해 상상도 공상도 하지 않는다. 오히려 사람들은 이렇게 말한다.

"어떻게 된 일입니까? 저의 성생활이 사라지고 있습니다."

그런 사람들에게 나는 이렇게 말한다.

"어쩌겠는가? 사라지면 사라지는 대로 놔두어라. 신경을 쓸 필요는 없다. 우리 코뮌의 목적은 거기에 있다. 섹스는 마침내 사라져야 한다. 하지만 사라지게 하려고 애쓸 필요는 없다. 섹스가 스스로 사라지려 할 때 붙잡지 말라. 작별을 고하라. 섹스가 사라지는 일은 더없이 좋은 일이다."

사람들은 섹스가 사라지면 허무밖에 남지 않을 것으로 생각한다. 이것이 문제이다. 그들에게 섹스는 자극과 기쁨과 희열 등의 모든 것이었기 때문이다. 그대는 섹스가 사라지길 그토록 오랫동안 기다렸다. 이제 에너지가 차원 높은 기쁨과 희열로 나아갈 수 있도록 섹스는 사라지게 놔두어라.

무의식에 아무것도 억압된 것이 없을 때 의식과 무의식이 만난다. 이렇게 둘이 만나는 순간 크나큰 기회의 문이 열린다. 이제 낮은 차원과의 관계가 끝났기 때문에 높은 차원의 문이 열리고 에너지는 그곳으로 향한다.

인간은 중간에 있다. 인간의 의식이 그 중간이다. 무의식이 그대로 존재하면 사람은 끊임없이 무의식을 억압하는 일에 매달린다. 대상을 억압한다고 해서 그 대상의 문제가 끝나는 것이 아니다. 무의식이 거기 계속 존재하면 끊임없이 수면 위로 떠오르기 때문에 사람도 끊임없이 억압해야 한다.

본능은 튀는 공과 같다. 공을 바닥을 향해 던지지만, 공은 다시 나를 향해 튀어 오른다. 더 세게 던지면 더 센 힘으로 튀어 오른다. 본능의 경우도 이와 같다. 본능을 세게 억압하면 본능은 세게 되돌아온다. 본능이 되돌아올 때 필요한 에너지는 어디에서 얻는가? 그것은 자신의 에너지이다. 모든 억압이 사라지고 무의식으로부터 자유로워지면 무의식은 고요히 침묵한다. 그리고 자신의 모든 에너지를 이용할 수 있게 된다.

에너지에는 근본원리가 있다. 에너지는 정체할 수 없으며 끊임없이 움직인다는 것이 그것이다. 움직임이 에너지의 본성이다. 어느 한 곳에 모셔 두면 거기에 그대로 머무는 것이 아니다. 에너지는 계속해서 움직여야만 한다. 그것이 에너지의 본성이다. 에너지가 밑으로 움직일 이유가 없으면 위로 올라가는 길밖에는 없다. 에너지는 상하로 이동할 뿐, 다른 방향으로는 움직이지 않는다. 에너지가 상승하면 초의식을 친다. 이때 오는 기쁨과 희열에 비하면 성 오르가슴은 새 발의 피에 불과하다. 이것은 인간의 의식으로는 상상하기 힘들다. 일반 의식과 초의식의 기쁨은 양적으로 다른 것이 아니라 질적으로 다르다. 그러므로 초의식에서 오는 희열이 성 오르가슴과 어떻게 다른지 상상할 길이 없다.

에너지가 상위의 세계를 치면 기쁨의 단비가 끝없이 내린다. 성 오르가슴은 너무나 순간적이어서 자신이 성 오르가슴의 존재를 알아차릴 때는 이미 오르가슴이 사라지고 난 뒤이다. 오르가슴은 머릿속에서 기억으로 남아 있을 따름이다. 성 오르가슴의 찰나적인 속성 때문에 사람은 섹스에 중독된다. 그리고 무엇인가 대단한 것이 거기 있으리라고 상상한다.

'그곳으로 들어가 보자. 또 들어가 보자.'

머릿속에서 종이 울리기 시작하면 오르가슴이 오고 있다는 것을 안다. '온다!' 오르가슴이 오고 있다고 아는 순간, 이미 오르가슴은 사라진다. 종이 멈춘다. 그리고 바보 같은 자신의 모습을 본다. 종의 울림과 멈춤 사이에서 자신은 바보가 된 기분이다. 거기에 대해 여자보다 남자가 더 부끄럽게 생각한다. 그래서 남자는 행위가 끝나면 곧바로 돌아누워 코를 곤다. 여자는 그 정도로 부끄럽게 생각하지 않는다. 여자는 능동적인 파트너가 아니기 때문이다. 남자는 자신이 바보 같다고 생각한다. 능동적인 파트너이기 때문이다.

에너지가 의식의 높은 차원, 초의식을 건드리면 기쁨의 단비가 끊임없이 내린다. 서서히 그리고 계속해서 에너지는 초의식을 건드리다가 결국은 초의식의 중심을 향해 나아간다. 이것은 그대가 하는 일이 아니다. 일단 억압을 멈추고 무의식을 정화했다면 그대 쪽에서의 일은 끝난다. 이제는 에너지가 일을 알아서 한다. 그대가 중심에 도달하면 새로운 능력인 직관이 그 기능을 시작한다.

무의식의 중심에 본능이 있다. 의식의 중심에 지능이 있다. 초의식의 중심에 직관이 있다. 본능은 일을 하도록 강요한다. 자신의 의지에 반하는 것조차도 억지로 시킨다. 지능은 길을 찾는다. 자신이 어떤 일을 할 때 좋아할 때도 있고, 싫어할 때도 있는 법이다. 이때 지능은 상황에 맞추어 해야 할 길을 찾는다. 이것이 지능의 일이다.

본능을 따르고 싶을 때도 지능은 그 길을 찾는다. 세상의 종교인들-사실, 그들은 종교인인 체할 뿐이다-이 본능을 반대할 때도 지능은 그 길을 찾는다. 지능은 사람이 원하는 것을 따라 할 뿐이다. 이것은 곧 지능이 스스로 대상을 원하거나 거부하지 않는다는 말이다.

정신이 제대로 박힌 사람이라면 무의식을 충족시키는 데 지능을 사용할 것이다. 무의식은 빨리 충족시킬수록 좋다. 그래야 무의식에서 자유로워질 수 있다. 충족은 곧 무의식에서 자유로워지는 것을 의미한다.

세상에는 수많은 정신이상자가 있다. 어떤 이는 가톨릭 신자요, 또 어떤 이는 개신교 신자이다. 힌두교, 이슬람교, 자이나교, 불교 등을 골라잡아라. 세상의 종교인들은 모두 정신이상자들이다. "내가 골라잡을 수 있는 정신이상의 종교는 없네요." 이렇게 말할 수 없다. 지난 수천 년 동안 인간은 가능한 모든 정신이상의 종교를 만들어냈다. 골라잡으라. 어떤 것을 골라잡는다고 해도 그것은 마찬가지이다.

무의식과 본성, 생리현상 등을 충족시키기 위해서 지능을 어떻게 사용해야 하는지는 아무도 가르쳐주지 않는다. 그것이 생리적인 형상이든 생화학적인 형상이든 모두 나 자신의 것이다. 이들은 모두 나의 일부이다. 자연은 아무런 이유 없이 아무것도 주지 않는다. 무의식을 충족시켜라. 그럴 때라야 높은 가능성의 차원으로 도약할 수 있다.

세상 종교인들은 모두 존재의 낮은 차원에만 매달린다. 그래서 그들의 삶은 죄의식과 슬픔으로 찌들어 있다. 그들은 기뻐할 줄 모른다. 예수는 그들에게 줄기차게 외친다. "기뻐하라!" 그리고 다른 한쪽에서 예수는 이렇게 말한다. "지옥이 있음을 잊지 말라." 예수는 사람들에게 딜레마를 안겨주고 있다. 그에게 본능을 충족시키는 일은 지옥으로 통하는 길이요 본능을 억압하는 일은 천국으로 통하는 길이다.

그러나 현실 속에서 나타나는 진실은 그 반대이다. 인간은 자연을 거스름으로써 이 땅에 지옥을 만들고 있다. 지금 여기에서 천국을 만들라. 왜 자꾸 뒤로 미루기만 하는가?

가치가 없는 일이라면 내일로 미루어도 좋다. 하지만 그것이 천국인 이상에야 나는 그 일을 내일로 미루지 않으며, 다음 순간으로도 미루지 않는다. 사람은 지금 여기에서 천국을 누릴 수 있다. 그러기 위해서는 무의식을 풀어내기만 하면 된다. 본능과 무의식이 충족되면 생리현상은 가라앉고 본능으로 허비되던 모든 에너지를 쓸 수 있게 된다. 그러면 에너지는 스스로 상승하며 초의식의 중심에서 멈춘다. 거기에서 직관이 그 기능을 하기 시작한다.

직관이란 무엇인가? 직관은 어떤 면에서는 본능과 비슷하지만 다른 면에서 본능과 완전히 다르다. 어떤 면에서는 지능과 유사하지만 다른 면에서 지능과 완전히 다르다. 그 차이는 상당히 미묘하다. 그러므로 이것을 잘 이해해야 한다.

내 쪽에서 아무것도 할 수 없다는 면에서 직관은 본능과 같다. 본능이 육체에 속해 있는 것처럼 직관은 의식에 속해 있다. 우리는 본능에 대해 아무것도 할 수 없으며, 직관에 대해 아무것도 할 수 없다. 본능이 충족될 수 있도록 내맡기는 것처럼 직관도 충족될 수 있도록 내맡겨야 한다. 자신의 내면에 있는 힘을 발견하는 사람은 그 놀라운 힘에 깜짝 놀랄 것이다.

직관은 궁극적인 질문에 답을 준다. 그것은 언어학적인 답이 아니라 존재론적인 답이다.

"진리란 무엇입니까?"라고 물을 필요가 없다. 본능은 이것을 듣지 못한다. 귀가 없기 때문이다. 지능은 듣기는 하지만 이것을 철학화한다. 눈이 없기 때문이다. 직관에게는 진리를 보는 눈이 있다. 직관은 보는 사람이다. 그러므로 진리에 대해 생각할 필요가 없다.

본능과 직관은 둘 다 인간으로부터 독립하여 존재한다. 본능은 무의식적인 자연에서 오며 직관은 초의식의 우주에서 온다. 이 의식이 온 우주를 감싸고 있다. 이 대양 의식 속에서 우리는 작은 섬 혹은 빙산으로 존재한다. 빙산으로 존재하는 우리는 언젠가 의식의 바닷속으로 녹아들어 하나가 될 것이다.

어떤 면에서 직관은 본능과 완전히 반대이다. 본능은 우리를 계속 다른 곳으로 끌고 다닌다. 본능의 충족은 나 아닌 타자에 의존한다. 직관은 나를 참나로 인도한다. 직관은 아무것에도 의존하지 않는다. 타자를 필요로 하지도 않는다. 그것이 곧 직관의 아름다움이요 자유이며, 독립이다. 직관은 아무것도 필요로 하지 않는 고양된 상태이다. 직관은 스스로 넘쳐흐르기 때문에 다른 것을 전혀 필요로 하지 않는다.

어떤 면에서 직관은 지능과 유사해 보이기도 한다. 지능과 지성이 유사해 보이기 때문일 것이다. 지능이 뛰어나다고 해서 지성까지 뛰어난 것은 아니다. 그 반대 역시 마찬가지이다. 대단한 교수나 지식인도 그 앞에서는 피그미처럼 보일 만큼 지성이 탁월한 농부도 존재할 수 있다.

러시아혁명 때의 일이다. 혁명이 일어나자 러시아인들은 당시 페트로그라드Petrograd를 레닌의 이름을 따 레닌그라드로 바꾸었다. 당시 페트로그라드의 거대하고 아름다운 궁전 앞에는 커다란 바위가 있었다. 러시아 황제들은 이 바위를 그곳에 그대로 보존하도록 했다. 치울 필요가 없었다. 그런데 도로가 뚫리자 바위를 치우지 않을 수 없었다.

바위는 참으로 아름다웠다. 그래서 사람들은 이 바위를 다른 장소로 옮겨 기념물로 보관하고자 했다. 그러나 엔지니어들이 생각해 낼 수 있는 방안이라면 바위를 다이너마이트로 폭파하거나 아니면 여러 조각으로 분해한 다음 나중에 다시 이어붙이는 것이었다.

레닌이 말했다.

"그것은 안 될 말이오. 그렇게 하면 원래의 아름다움을 유지할 수 없지 않소. 황제들이 이 바위를 보존했던 것은 바위가 지닌 아름다움 때문이었소."

그때 한 보잘것없는 남자가 당나귀를 타고 레닌이 있는 쪽으로 다가왔다. 그는 엔지니어와 레닌이 하는 말을 듣고 있다가 갑자기 웃고는 그 자리를 떴다.

레닌이 소리쳤다.

"잠깐만, 왜 웃는 거요?"

남자가 대답했다.

"간단합니다. 별로 힘들이지 않고 할 수 있습니다. 바위는 그대로 놔두고 바위 주위의 땅을 파면 됩니다. 주위를 깊이 파고들어 가면 나중에 바위는 밑으로 가라앉게 됩니다. 그렇게 하면 바위를 건드리지 않고도 문제를 해결할 수 있지요. 바위를 폭파하거나 부술 필요가 없습니다.”

이를 듣고 레닌은 엔지니어들을 꾸짖었다.

“대체 대단한 엔지니어와 건축가라는 사람이 어떻게 보잘것없는 사람만 못한 것이오!”

그래서 보잘것없는 사람의 말대로 시행했다. 그렇게 하여 바위도 보존하고 도로도 완성할 수 있었다고 한다.

나는 수많은 사람을 만나면서 한 사람 한 사람을 자세히 지켜볼 수 있었다. 대부분 지식인에게서는 지성을 찾아볼 수 없었다. 지식인이 되는 데는 지성은 필요하지 않다. 지능이나 지식만으로도 충분하다. 지식이나 지능이 없는 사람, 혹은 교육을 받지 못한 사람은 지성을 찾는다. 그런 사람은 지성에 의존해야 하므로 지성이 성장한다.

직관은 지능과 유사해 보이기는 하지만 지적이지 않다. 직관은 지성적이다.

지능과 지성은 완전히 다르게 기능한다. 지능은 단계별로, 순서대로 기능한다. 일정한 절차에 따라 진행되는 과정이다. 이것은 정해진 절차에 따라 풀어내야 하는 수학 문제와 같다.

샤쿤탈라Shakuntala라는 인도 여자가 있었다. 그녀는 세상을 돌아다니면서 자신의 직관에서 오는 능력을 사람들에게 보여주었다. 그녀는 수학자도 아니고 교육을 많이 받지도 못했다. 겨우 고등학교를 졸업했을 뿐이다. 아인슈타인이 살아 있을 때 그녀는 아인슈타인 앞에서 시범을 보였다. 그녀가 보이는 시범은 놀라운 것이었다. 샤쿤탈라가 분필을 손에 쥐고 칠판 앞에 앉아 있으면 사람들이 난해한 수학 문제를 냈다. 사람들이 문제를 다 내기도 전에 그녀는 답을 적기 시작하곤 했다.

아인슈타인은 그녀에게 인증서를 주었다. 그녀가 사는 마드라스에 갔을 때 그녀는 내게 인증서를 보여주었다. 그때까지 획득한 인증서들을 모두 보여주었다. 아인슈타인이 준 인증서에는 다음과 같이 쓰여있었다.

"나는 이 여성에게 수학 문제를 내었다. 내가 이 문제를 푸는 데 3시간이 소요되었다. 그만큼 절차가 복잡한 문제였다. 중간에 순서를 무시하고 풀었다가는 답에 도달할 수 없다. 나보다 빨리, 3시간 이내에 이 문제를 풀 수 있는 사람이 세상에 있으리라고는 꿈에도 생각하지 않는다. 다른 사람의 경우는 6시간 이상이 걸릴 것이다. 나는 이 문제를 풀어보았기 때문에 3시간 안에 풀어낼 수 있다. 답에 도달하는 기다란 과정을 하나도 빠뜨려서는 안 된다. 중간에 하나만 잘못되어도 답에서 빗나가고 만다."

그 문제의 답은 워낙 길어서 칠판 전체가 필요할 정도였다. 그런데 아인슈타인이 문제 내는 것을 마치기도 전에 샤쿤탈라는 답을 써 내려가기 시작했다.

경악을 금치 못한 아인슈타인이 그녀에게 물었다. 그것은 불가능한 일이었다.

"아니, 어떻게 이것을 알았습니까?"

샤쿤탈라가 대답했다.

"저도 어떻게 하는지 몰라요. 다만 저절로 일어나요. 질문을 받자마자 답이 제 눈앞에 나타나요. 저는 보이는 대로 써 내려가는 거예요."

그녀의 경우는 태어날 때부터 직관이 기능하기 시작했다. 나는 그녀가 겨우 시범을 보이는 사람으로 끝난 것이 참으로 유감이었다. 직관의 기능이 열린 채 태어난 여성은 더욱 쉽게 깨달을 수 있다는 사실을 아무도 신경 쓰지 않았다. 그녀는 깨달음의 경계선상에 서 있었다. 단 한 걸음만 내디디면 의식의 바닷속으로 들어갈 수 있었다. 하지만 그녀는 이를 깨닫지 못했다. 이것은 자연의 짓궂은 장난처럼 보인다.

또 다른 이야기가 있다. 도시에서 릭샤Ricksha, 인도의 인력거_역주를 끌던 소년, 샤카란Shakaran에 관한 것이다. 한 영국 수학 교수가 그의 릭샤로 대학교에 출근하곤 했다. 어느 날 릭샤 위에서 교수가 수학 문제로 고민하고 있을 때 샤카란이 교수를 보고 "답은 이거예요."라고 말했다. 이런 일이 한두 번 일어났다. 교수는 수학 문제에 대해 속으로 고민하고 있었을 뿐, 말은 하지 않았다. 그런데 릭샤를 끄는 소년이 "이것이 답이에요."하고 말하는 것이 아닌가!

교수는 학교로 가서 고민하던 문제를 풀어보았다. 그런데 답은 바로 소년이 말한 그것이 아닌가! 이런 일이 한두 번 더 일어나자 교수는 소년에게 물었다.

"답을 어떻게 알았니?"

소년이 대답했다.

"아무것도 하지 않았어요. 제 뒤에서 걱정하는 교수님이 느껴졌는데, 눈앞에 어떤 숫자가 보이는 거예요. 제가 무식하지만 숫자는 알아보거든요. 교수님의 마음속에 수많은 숫자가 줄지어 다니는 것이 느껴졌어요. 그러다가 어떤 숫자가 제 마음속에 나타나는 거예요. 그래서 교수님한테 그 숫자가 답이라고 말했어요. 어떻게 해서 그렇게 되었는지는 모르겠어요."

교수는 샤카란을 옥스퍼드로 보냈다. 샤카란은 샤쿤탈라보다 더 뛰어났다. 샤쿤탈라는 문제를 내면 답을 써 내려갔지만 샤카란은 상대의 마음속에 있는 문제를 읽어내어 답을 맞혔다. 그의 직관은 샤쿤탈라보다 더 활짝 열려 있었다. 그래서 답은 물론 상대의 마음속에 있는 문제까지 읽을 수 있었다. 그는 교육을 거의 받지 못한 릭샤왈라 Rickshawala, 인도 인력거꾼_역주였다. 그는 오랫동안 풀리지 않는 수학 문제를 풀어내어 수학사에 남을 천재가 되었다. 그가 풀리지 않은 문제에 대한 해답을 제시했을 때, 그것이 맞는지 틀리는지를 확인할 방법이 없었다. 하지만 여러 해가 지나 그가 제시한 답이 정답임이 수학자들에 의해 밝혀졌다.

직관은 비약한다. 순서나 과정 없이 직관은 본다. 직관에는 사물 너머에 있는 것을 보는 눈이 있기 때문이다.

직관은 우리가 결코 사물이라고 생각하지 않았던, 이를테면 사랑

같은 것을 사물처럼 본다. 직관의 사람은 상대에게 사랑이 있는지 없는지, 믿음이 있는지 없는지, 의심이 있는지 없는지를 알아본다. 사랑이나 믿음을 사물처럼 본다.

나는 직관의 세계야말로 최상의 경지라고 생각한다. 내가 그대를 인도하는 곳은 바로 그곳이다.

정화되지 못한 무의식은 장애물이다. 그러므로 먼저 무의식을 정화하라. 무의식을 어떻게 정화하는가? 무의식의 본능을 만족시켜라. 철저하게 물릴 때까지 무의식을 만족시켜라. 무의식이 더 이상의 만족이 필요 없어졌을 때 비로소 에너지는 지성과 직관을 향해 흐른다. 그러면 에너지는 계속 상승한다. 그러다가 직관의 문을 연다. 그때 맨눈으로 보이지 않던 것들이 보이기 시작한다. 사물 아닌 것이 사물처럼 보이기 시작한다.

사랑도, 진리도, 믿음도 사물이 아니다. 실존이다. 사랑이나 진리, 믿음은 사물보다 더 생생하게 실존한다. 직관의 눈이 뜨인 사람에게 사랑이나 진리는 실존의 모습으로 보인다. 직관이 제대로 기능을 시작할 때 비로소 우리는 인간이 된다. 무의식의 세계에서 사는 사람은 동물의 세계에서 사는 사람이다. 의식의 세계에서 사는 사람은 동물의 세계를 벗어난 사람이다. 초의식의 세계에서 사는 사람은 인간의 세계에서 사는 사람이다.

종종 나는 바울 신비가인 찬디다스Chandidas의 말을 인용한다. 그는 간단한 말 속에 나의 가르침을 대단히 함축적으로 요약하고 있다.

"사바르 우파르 마누스 사티아, 타하르 우파르 나힌sabar upar manus satya, tahar upar nahin (모든 것 위에 인간의 진리가 있고 그 위에는 아무것도 없다)."

찬디다스는 참된 종교인이었다. 그는 신도 거부하고 인간의 진리 위에 있는 것도 거부한다.

"모든 것 위에 인간의 진리가 있고, 그 너머에는 아무것도 존재하지 않는다."

인간의 내면에 잠재된 가능성이 완전히 꽃을 피우면 존재의 집에 도달한다.

앎의 장애물

직관과 상상, 지능 모두는 초월해야 할 대상이다. 마음을 넘어선 자리로 가보아야만 한다. 정적과 고요, 침묵으로 휩싸인 자리, 그것이 인간의 본성이요 불성이다. 그것이 인간의 참된 존재요, 속성이며, 우주의 속성이다.

앎은 완전한 침묵을 뜻한다. 이 침묵 안에서 정적을 듣고 내면의 소리를 듣는다. 앎은 마음을 놓는 것을 뜻한다. 그대의 존재가 미동도 하지 않고 완전한 정적 속으로 들어가면 문이 열린다. 그리고 이 신비로운 존재계의 일부가 된다. 존재계가 되어, 존재계의 부분이 되어 존재를 안다. 그것이 바로 앎이다.

지식

　지식과 앎은 어떻게 다른가? 사전적으로는 차이가 없지만, 존재론적으로는 거대한 차이가 있다. 지식은 이론이요, 앎은 체험이다. 앎이란 두 눈을 뜨고 보는 것이다. 지식이란 눈 뜨고 본 사람의 정보를 주워듣는 것이다. 눈먼 사람도 지식을 얻을 수 있다. 눈이 없어도 빛에 관한 수많은 정보를 주워 모을 수 있다. 하지만 눈이 먼 사람은 앎을 얻을 수 없다. 병든 눈을 치유해서 앞을 볼 수 있어야 한다. 그제야 앎을 얻을 수 있다. 진실로 앎은 자신만의 체험이요 지식은 가짜이다. 지식은 인간에게 저주요 재난이며 암적인 존재이다.

　지식은 거리를 만든다. 인간이 전체계와 분리가 되는 것은 바로 이 지식 때문이다. 산에 가서 모르는 야생화를 볼 때 우리는 아무 말도

하지 않는다. 마음이 침묵한다. 거기에 있는 꽃을 있는 그대로 볼 뿐, 머릿속에 지식은 떠오르지 않는다. 꽃 속에 있는 경이와 신비를 느낄 따름이다. 꽃이 거기 있고 나도 거기 있고, 경이로움을 통해 나와 꽃이 하나가 된다. 그 꽃이 장미나 백합이었다면 곧바로 지식이 끼어들어 나와 꽃을 분리했을 것이다. 꽃이 거기 있고 나도 거기 있지만 거기에는 연결고리가 없다. 나는 이 꽃을 안다는 생각, 이 지식이 거리를 만든다.

많이 알수록 거리는 커진다. 적게 알수록 거리는 작아진다. 아는 것이 전혀 없을 때, 그래서 거리가 사라질 때 나는 대상과 하나가 된다.

사랑에 빠질 때도 거리가 사라진다. 거기에는 흥분과 전율, 경이와 환희심이 춤을 춘다. 지식은 존재하지 않는다. 나는 상대가 누구인지 모른다. 지식이 없으면 인간의 존재는 분열되지 않는다. 이것이 곧 사랑의 첫 순간이 주는 아름다움이다. 매일같이 하루 24시간 사랑하는 사람과 같이 살면 지식이 생긴다. 상대에 대한 생각과 개념이 생긴다. 상대에 대한 생각과 상대의 모습을 통해 상대를 이러이러한 사람이라고 단정한다. 이렇게 하여 과거가 생기며, 이후 그 과거를 통해 상대를 본다. 여전히 상대는 같지만, 거기에는 신비로움이 존재하지 않는다. 산을 내려와 정상의 참된 맛을 상실한다.

이것을 이해하면 많은 것을 이해할 수 있다. 지식이 인간에게 분열과 거리를 가져다줌을 알면 명상의 비밀을 알 수 있다.

명상이란 모름의 경지를 말한다. 지식에 의해 방해받지 않는 순수

공간을 말한다. 그렇다. 성경이 이야기하는 대로, 인간은 진정 지식나무의 열매를 먹고 타락했다. 세상의 어떤 경전도 성경만큼 인간의 타락을 정확하게 풀어내지 못했다. 성경의 우화를 뛰어넘는 통찰은 세상에 존재하지 않는다. 지식으로 인해 인간이 타락했다는 것은 다분히 비논리적이다. 논리 역시 지식의 일부분이기 때문이다. 논리는 전적으로 지식의 편이다. 그래서 성경의 우화는 비논리적으로 보인다. 논리야말로 인간이 타락한 원인이다.

항상 논리적으로 움직이는 사람은, 그 어떤 비논리도 수용하지 않는 사람은 미친 사람이다. 정신건강은 때로 정신이상이 필요하다. 그래야 균형이 맞는 법이다. 음양이 만나야 균형을 이루는 법이다. 이성적이기만 한 사람은 비합리적이다. 그는 너무나 많은 것을 놓친다. 아름다운 것들을 놓치고 참다운 것들을 놓친다. 이성적인 사람은 쓸데없는 것들을 모은다. 그의 삶은 세속적이다. 그는 세속적인 사람이 된다.

성경의 우화에는 더없이 깊은 통찰이 담겨 있다. 인간은 왜 지식으로 인해 타락했는가? 지식은 '나와 너'라는 거리를 만들기 때문이다. 지식은 주체와 객체를 만들고 관찰자와 피관찰자를 분리하기 때문이다. 지식은 인간의 정신을 분열시킨다. 지식에는 나와 너를 연결하는 다리가 없다.

그래서 지식이 많을수록 종교에서 멀어진다. 교육을 많이 받을수록 전체성에서 멀어진다. 예수는 "어린아이와 같이 되지 아니하면 결단코 천국에 들어가지 못하리라."라고 말했다. 맞는 말이다. 어린아이의 품성은 무엇이고, 인간은 무엇을 잃어버렸는가? 어린아이는 경이의 눈으로 세상을 보며 그 눈은 완전히 깨끗하다. 편견이나 판단, 고정관념 없이 사물의 깊이를 들여다본다. 아이는 자신의 마음을 외부로 투사하지 않는다. 그래서 사물을 있는 그대로 본다. 어린아이는 진리를 보지만 사람들은 세속적인 현실만을 본다. 이 현실은 자신이 생각하고 바라고 투사해서 스스로 만든 것이다. 사람들은 현실의 눈으로 진리를 멋대로 해석한다.

진리는 있는 그대로 존재한다. 사람들은 현실을 진리라고 착각한다. 현실은 온갖 분리되어있는 사물로 이루어져 있다. 진리는 단일한 우주 에너지로 이루어져 있다. 진리는 단일성으로 되어 있으며, 현실은 복합성으로 되어 있다. 현실은 대중이요 진리는 통합이다.

크리슈나무르티(Krishnamurti, 1895~1986), 인도 출생. 20세기 초반 신지학 협회를 해산한 후 세계를 주유하며 '스승 없이 혼자 가라'는 가르침을 펼침_역주는 "부정否定은 침묵이다."라고 말했다. 무엇을 부정하는가? 지식을 부정하고 마음을 부정하며 머리의 일을 부정한다. 그리하여 지식과 마음이 텅 빈 공간을 만든다. 우리는 마음이 비워질 때 전체계와 하나가 된다. 마음이 온갖 망상으로 가득 찼을 때 전체계와의 연결은 끊어진다. 한순간만이라도 침묵이 일어나면 거대한 기쁨이 온다. 바로 그 순간에 삶은 그 의미를 되찾고, 언어 너머의 영광이 드러난다. 바로 그 순간, 삶은 춤이 된다. 설령 죽음이 찾아와도 그 순간은 춤이 되고 향연이 된다. 그 순간은 기쁨밖에 모른다. 그 순간은 기쁨으로 더없는 행복으로 넘쳐흐른다.

지식은 부정해야 한다. 내가 말했다고 해서, 혹은 크리슈나무르티나 붓다가 말했다고 해서가 아니다. 나의 말을 듣고 지식을 부정하면 그것은 또 다른 지식의 행위로 전락하고 만다. 이전의 지식을 새로운 지식으로 대체한 행위일 따름이다. 그러면 이제 내가 말하는 것은 모두 지식이 되고 그대는 이것을 집착한다. 이전의 우상을 폐기하고 그 자리에 새로운 우상을 모신다. 그러나 이것은 새로운 언어와 생각과 사상을 사용한 새로운 게임에 불과하다.

그렇다면 지식은 어떻게 부정하는가? 하나의 지식은 또 다른 지식으로 부정될 수 없다. 지식이 우리에게 거리를 만들고 분열을 일으킴을 지켜보면 된다. 치열하게, 전체적으로 지켜보라. 하나의 지식을 부정하기 위해 다른 지식으로 대체하면 안 된다.

치열함은 불이다. 이 불이 지식을 태워 없앨 것이다. 치열함이 있으면 된다. 이 치열함이 곧 직관이다. 직관은 지식을 태워 없애되, 다른 지식을 만들지 않는다. 지식이 불타 없어지면 슈냐타Shunyata, 즉 공空이 남는다. 진리를 방해하거나 곡해하는 모든 것이 사라지고 무無만이 남는다.

내가 말하는 것을 지식으로 받아들이지 말라. 내가 말하는 것을 직관으로 받아들이라. 내가 말하는 것을 보라. 내 말을 들으면서 직관을 체험하라. 의식을 활짝 깨우고 치열성과 전체성으로 들어라. 그렇게 들으면 사물의 핵심을 볼 수 있다. 사물의 핵심이 보이면 변형이 일어난다. 핵심을 보는 것 자체가 저절로 변용을 불러온다.

노력하면 빗나간다. 그대가 내일 다시 와서 "지식은 분열을 만드는 저주임을 알았습니다. 이 지식을 어떻게 하면 놓을 수 있을까요?"라고 물으면 이 역시 빗나간 물음이다. '어떻게'라는 문제가 떠올랐다면 그것은 빗나간 것이다. '어떻게'라는 말은 더 다양한 지식을 요구한다. 방법과 테크닉을 요구한다.

직관으로 충분하다. 직관 위에 다른 노력을 할 필요가 없다. 직관의 불은 마음에 쌓인 온갖 지식을 불태운다. 핵심을 보라.

나를 듣는 것은 나와 함께 가는 것을 말한다. 나의 손을 잡고, 나의 인도에 따라 내면으로 들어가, 내가 말하는 것을 보는 것이다. 거기에 대해 논하지 마라. 긍정도 하지 말고 부정도 하지 말라. 말을 꺼내지 말라. 지금 이 순간 나와 함께 있으라. 그러면 어느 순간 갑자기 직관이 나타난다. 주의 깊게 들어라! 주의란 집중을 뜻하지 않는다. 여기서 주의 깊게 들으라는 말은 깨어서 들으라는 말이다. 생생하게 마음의 문을 열고 지성의 귀로 들어라. 지금 여기 나와 있으라. 그것이 내가 말하는 '주의'의 뜻이다. 딴 데 정신을 팔지 말라. 자신의 생각과 나의 말을 비교하지도 말라. 비교도 판단도 하지 말라. 내 말이 옳은가 틀린가에 신경을 쓰지 마라.

일전에 어느 구도자와 이야기를 나눈 일이 있다. 그는 상당히 훌륭한 구도자임은 틀림없었지만, 지식이 너무 많은 것이 탈이었다. 내가 그에게 말할 때 그의 눈에는 눈물이 그렁그렁했다. 그의 가슴이 열리려는 찰나에 마음이 끼어들어 아름다운 순간을 망쳐놓고 말았다. 그의 에너지가 가슴 쪽으로 몰려가서 가슴이 열리려는 순간 갑자기 마음이 끼어든 것이다. 막 떨어지려던 눈물이 안으로 쏙 들어가고 말았다. 왜 그랬는가? 그가 받아들일 수 없는 말을 내가 했기 때문이다.

어느 지점까지는 그는 내 말을 따라오고 있었다. 그러다가 내가 그의 유대교와 카발라Cabala, 창조 과정에서 악이 세계에 혼입되었는데, 그 악으로부터 구제 및 질서의 회복은 하느님 나라의 수립이라는 종말론적 형태로 실현된다고 하는 유대교의 신비 철학_역주에 반대되는 내용을 언급하자 돌연히 분위기가 확 바뀌고 말았다. 그가 말했다.

"모두 맞는 얘기입니다. 지금 말씀하신 내용 모두 맞아요. 하지만 한 가지. '신은 목적 없는 존재이다. 존재계는 목적 없이 존재한다.'라는 말에는 동의할 수 없습니다. 카발라에서 분명 신은 목적을 가지고 있다고 말합니다. 삶에도 목적이 있으며 신은 우리 인간을 목적지로 인도하고 있습니다."

이렇게 비교하는 마음이 끼어들자 그는 핵심을 놓치고 말았다. 카발라가 나하고 무슨 상관이 있는가? 그대가 나하고 있을 때는 카발라나 요가, 탄트라Tantra, 인간의 남성성과 여성성의 합일을 추구하는 수행_역주 등의 모든 것을 내려놓아야 한다. 나하고 있을 때는 다만 나하고 있으라. 무조건 내 말을 따라야 한다는 말이 아니다. 이 점을 명심하라. 이것은 동의나 반대의 문제가 아니다.

그대는 장미에 동의하거나 반대하는가? 일출을 볼 때 거기에 동의

하거나 반대하는가? 밤에 달을 볼 때 우리는 있는 그대로 본다! 달은 보면 보는 것이요 보지 않으면 보지 않는 것이다. 거기에는 동의나 반대의 문제가 있을 수 없다.

나는 상대에게 아무런 주장을 강요하지 않는다. 나는 누구에게도 이론이나 사상, 철학, 도그마, 신학을 믿으라고 주장하지 않는다. 나는 그저 내가 한 체험을 나눌 따름이다. 나의 나눔에 참여하는 사람에게도 나와 같은 체험이 일어날 수 있다. 그것은 전염성이 강하기 때문이다.

직관은 변형을 불러온다.

"직관은 저주다."라는 나의 말에 동의하거나 반대하면 핵심을 놓친다. 그대로 듣고 그 안으로 들어가라, 그리고 보라. 그러면 그 자리에서 지식이 어떻게 거리를 만들며 결국은 장애가 되는지를 깨닫는다. 어떻게 지식이 장벽처럼 가로막으며 지식이 늘어날수록 거리도 멀어지는지를 이해할 수 있다. 어떻게 지식으로 인해 순수성이 사라지고 경외심이 사장되며 삶이 무감각한 일이 되었는지 깨닫는다. 인간은 신비감을 상실했다. 삶의 신비는 '나는 안다'라는 믿음 때문에 사라졌다. 이것을 믿는 사람에게는 신비가 존재할 수 없는 법이기 때문이다. 모르는 사람에게만 삶의 신비는 일어난다.

인간은 아무것도 모른다. 이 점을 명심하라. 인간이 쌓아 올린 것은 모두 쓰레기에 불과하다. 궁극의 세계는 인간의 의식 너머에 존재한다. 인간이 쌓아 올린 것은 '현실Fact'이요, 진리는 인간의 손길이 닿지 않는 곳에 존재한다. 이것은 비단 붓다와 크리슈나Krishna, 힌두교 신화에서 비슈누의 화신이라고 여겨지는 신_역주, 크리슈나무르티, 라마나 마하르쉬(Ramana Maharshi, 1879~1950), 남인도 타밀주 출생. 아루나찰나 산의 아쉬람에서 '나는 누구인가?'라는 자아 탐구의 가르침을 폄_역주 등은 물론, 에디슨이나 뉴턴, 아인슈타인 등의 체험이기도 하다. 이것은 또한 시인과 화가, 무용수의 체험이기도 하다. 신비가나 시인, 과학자 등 위대한 세상의 지성인들은 한결같이 "알면 알수록 삶은 심오한 신비이다."라고 말한다.

삶에 대해 조금 알았다고 해서 "이제 삶에 신비는 존재하지 않는다."라고 말하는 것은 너무나 어리석은 일이 아닐 수 없다. 지식에 집착하는 것은 그 마음이 범용하기 때문이다. 지성이 있는 사람은 지식 너머를 본다. 물론 생활의 편리성을 위해 지식을 사용하지만 참된 진리는 지식 너머에 있음을 인식한다. 인간은 끊임없이 삶과 세상을 알아가지만, 생명의 신비에는 끝이 존재하지 않는다.

각성과 직관, 전체성으로 들어라. 그렇게 듣고 보면 사물 너머의 것을 볼 것이다. 이렇게 사물 너머를 보는 사람은 변형된다. "어떻게?"를 묻지 않는다. 이것이 곧 크리슈나무르티가 말한 "부정은 침묵이다."의 뜻이다. 직관은 부정한다. 침묵의 공간이 열린다. 옛것이 비워지고 새것이 들어온다. 침묵 말이다. 붓다는 이 침묵을 슈냐타라고 부른다. 이것은 공이요 무이다. 진리의 세계에서는 오직 무만이 작용한다.

진리의 세계에서 생각은 힘을 쓰지 못한다. 생각은 오직 물질의 세계에서만 작용한다. 생각도 일종의 미묘한 사물이요 물리다. 그래서 생각은 물질처럼 기록되기도 하고 외부로 전달되기도 한다. 내가 상대에게 생각을 보내면 상대는 이를 받아서 자기 것으로 만들 수 있다. 생각이란 주고받을 수 있는 대상이다. 하나의 사물이기 때문에 전달할 수 있다. 생각은 일종의 물질 현상이다.

공空은 상대에게 보내거나 줄 수 있는 성질의 것이 아니다. 공 속으로 들어가 공과 함께할 수는 있지만, 그 공을 상대에게 전달할 수 있는 방법은 존재하지 않는다. 공은 전달이 불가하다. 진리의 세계에서 작용하는 것은 오직 진리뿐이다.

진리는 마음이 없을 때야 비로소 알 수 있다. 진리를 알려면 마음이 먼저 멈추어야 한다. 마음의 작용이 정지해야 한다. 마음이 움직이지 않는 상태에서 고요 속으로 들어가야 한다.

생각은 진리의 세계에서 작용할 수 없지만, 진리는 생각을 통해 작용할 수 있다. 생각을 통해서는 진리에 도달할 수 없지만 일단 진리에 도달하면 생각을 하인처럼 부릴 수 있다. 내가 지금 그렇게 하고 있고, 붓다가 그렇게 했으며, 과거의 모든 스승이 그렇게 했다. 내가 말하는 것도 역시 생각이지만 그 너머에 공의 세계가 존재한다. 그 공은 생각에 의해 태어난 것이 아니다. 생각 너머에 있다. 생각은 공의 세계를 볼 수도, 체험할 수도 없다.

인간은 공을 생각할 수도, 공을 생각으로 만들 수도 없다. 이 점을 깨달은 적이 있는가? 우리는 공에 대해 생각할 수 없다. 공의 세계는 생각이 불가한 것이다. 일반 공에 대해 생각했다면 그것은 이미 공이 아니다. 생각은 공을 마중을 나가야 하지만, 둘은 결코 만나는 일이 없다. 공이 일단 내려오면 공은 스스로를 드러내기 위해 모든 것을 방편으로 이용한다.

통찰은 무념無念의 상태다. 우리가 대상을 있는 그대로 볼 때는 마음에 생각이 일지 않는다. 그대는 여기서도 나를 있는 그대로 듣고, 나와 함께 존재하면서 있는 그대로 본다. 있는 그대로 사물이 보이는 순간은 틈새다. 한 생각이 가고 다음 생각이 오지 않은 상태, 거기에 틈새가 존재한다. 그 틈새에서 번개 치듯, 무엇인가 내려와 울린다. 이것은 드럼과 같다. 드럼은 그 안이 비어있기 때문에 우리는 드럼을 연주할 수 있다. 비어있음이 울리는 것이다. 드럼의 아름다운 음악은 공에서 나온다. 아무런 마음 없이 있는 그대로 존재하면 즉시 무엇인가 일어난다. 그때 내가 말하는 바를 볼 수 있다. 그것은 보통의 말이 아니라 통찰이 되고 직관이 되며 비전이 된다. 그대는 이를 보았고, 나와 나누었다.

직관은 생각하지 않는 무념의 상태다. 이것은 생각의 흐름 속에 드러나는 틈새다. 우리는 이 틈새 속에서 진리를 일별一瞥한다.

'비어있음'을 뜻하는 영어 단어 'Empty'는 '매여있지 않음'을 뜻하는 'Unoccupied'에서 왔다. 그 어근을 살펴보면, 비어있다는 말은 참으로 아름다운 말이 아닐 수 없다. 어근은 많은 뜻을 내포한다. '매여있지 않음' 혹은 '자유로움'을 뜻한다. 어느 곳에 매여있지 않은 사람은 텅 비어있는 사람이다. "빈 마음은 악마의 일터이다."라는 속담은 터무니없는 말이다. 사실은 그 반대가 맞다. 들어찬 마음이 악마의 일터이다! 빈 마음은 신의 일터이지 악마의 일터가 아니다. 여기 '비었다'라는 말을 잘 이해하라. 이것은 여유롭고, 이완되어 있고, 긴장이 없고, 바람도 없고, 이리저리 움직이지 않으며, 지금 여기에 있는 것을 말한다. 빈 마음은 순수 현존이다. 이 순수 현존 속에서는 가능하지 않은 것이 없다. 전 존재계가 이 순수 현존에서 나오기 때문이다.

나무도 이 순수 현존에서 나와 자라며, 별들도 순수 현존에서 태어나며, 모든 붓다도 순수 현존에서 나온다. 순수 현존 속에 있음은 곧 신 속에 있음을 뜻한다. 순수 현존에 머무는 사람은 신이다. 마음이 들어차면 타락하고 만다. 에덴동산에서 쫓겨난다. 마음이 비면 에덴동산으로 다시 돌아온다. 존재의 집으로 돌아온다.

마음이 현실에 매이지 않으면, 사물이나 생각에 매이지 않으면 존재만이 남는다. 이 존재만이 진리다. 텅 빔 속에서만 합일이 일어난다. 진리로 향한 마음의 문이 열리고 진리가 들어온다. 그리고 이 진리를 잉태한다.

마음에는 세 가지 상태가 존재한다. 첫째는 내용물이 있는 의식이다. 사람의 마음은 항상 내용물로 가득하다. 생각이 움직이고 바람이 떠오르고 분노와 탐욕, 야망 등이 요동친다. 이렇게 인간의 마음은 항상 내용물로 가득하다. 마음은 결코 자유롭지 못하다. 밤이고 낮이고 생각이 끊임없이 흐른다. 깨어서도 생각이 흐르고 잘 때도 생각이 흐른다. 잘 때의 생각은 꿈으로 흐른다. 꿈도 생각임은 마찬가지다. 꿈이 좀 더 원시적이라는 차이밖에 없다. 꿈은 영상으로 생각한다. 꿈은 말이나 개념이 아닌 영상을 사용한다. 그래서 더 원시적이다. 어린아이들은 영상으로 생각한다. 그래서 나이가 어린 아이들을 위한 책은 커다란 그림으로 설명한다. 아이들은 그림으로 생각하기 때문이다. 아이는 그림으로 말을 배운다. 고학년으로 올라갈수록 그림이 작아지다가 나중에는 아예 사라진다.

원시 부족도 영상으로 생각한다. 상고시대의 언어는 그림의 언어였다. 가장 오래된 언어인 한자는 상형문자이다. 그것은 일종의 그림문자이다. 사람은 밤에 원시로 돌아간다. 낮에 이용하던 세련된 언어는 망각하고 그림으로 생각한다.

인간의 꿈을 분석하여 그 안에 깃든 마음을 들여다보는 정신분석가의 통찰은 깊디깊다. 꿈속에서 사람은 원시로 돌아가기 때문에 꿈을 통해 더 많은 진실을 얻을 수 있다. 꿈을 분석하는 일은 사람을 미혹시키는 일이 아니다. 낮에는 여러 겹의 인격으로 자신의 진실한 면을 숨긴다. 이 인격의 옷을 벗겨보라. 그러면 상처가 드러나면서 저항한다. 밤에는 우리가 옷을 벗는 것처럼 인격이란 옷을 벗는다. 주위에 아무도 없으므로 인격의 옷이 필요 없다. 인격의 세상을 떠나 자신만의 원시사회로 돌아온다. 여기서는 무엇을 숨길 필요도, 애써 가장할 필요도 없다. 이렇게 꿈은 자신의 참모습을 보여주기 때문에 정신

분석가는 인간의 꿈을 분석한다. 꿈도 똑같은 생각의 게임이다. 단지 언어만 다를 뿐이다. 마음과 그 내용물, 내용물 플러스 의식이 마음의 보통 상태이다.

두 번째 마음의 상태는 내용물이 없는 의식이다. 이것이 명상이다. 의식이 깨이면서 틈바구니가 보인다. 내 앞에 생각이 존재하지 않는다. 의식이 잠들어 있지 않다. 깨어 있다. 깨어 있는 가운데서도 생각이 떠오르지 않는다. 이것이 명상이다. 첫 번째 상태를 마음이라 하고 두 번째 상태를 명상이라 한다.

그다음은 세 번째 상태다. 내용물도 사라지고 객체도 사라진 이후에 주체는 오랫동안 존재할 수 없다. 주체나 객체는 항상 공존할 수밖에 없기 때문이다. 둘은 서로를 생산한다. 주체는 오랫동안 홀로 존재하지 못한다. 객체가 사라지면 관성의 법칙에 따라 잠시 더 머물겠지만 사라질 존재다. 내용이 없으면 의식은 오랫동안 존재할 수 없다. 의식은 항상 대상에 대한 의식일 뿐이다. 상대가 "의식하고 있다."라고 말하면 우리는 "무엇을 의식하는데?"라고 묻는다. 그러면 상대는 "이것저것을 의식하고 있다."라고 대답할 것이다. 의식하는 대상이 필요한 것이다. 주체가 존재하기 위해서는 객체가 존재해야만 한다. 객체가 사라지면 주체 역시 사라진다. 그러므로 내용이 사라지면 의식도 없어진다.

세 번째 상태를 우리는 초의식이라고 부른다. 여기서는 내용도 없고 의식도 없다. 이렇게 마음의 내용이 사라지고 의식이 사라진 상태는 절대로 무의식의 상태가 아니다. 이것은 초의식, 혹은 초월의식의 경지다. 의식이 의식에 눈을 돌린다. 그리고 의식을 의식한다. 원을 완성한다. 존재의 집에 돌아온다. 이것이 세 번째 상태인 사마디Samadhi, '삼매三昧를 뜻하는 산스크리트어. 깨달음의 상태_역주이다. 붓다는 이를 슈냐타라고 했다.

먼저 마음의 내용물을 내려놓아라. 그러면 마음의 반이 비워진다. 그런 다음 의식도 내려놓아라. 그러면 마음의 전부가 비워진다. 이렇게 완전히 비워진 상태, 즉 공이야말로 더없이 아름다운 현상이요 축복이다.

지능

　나는 지능에 대해 맹목적으로 반대하지 않는다. 지능도 쓸모가 있지만, 그 쓸모에는 한계가 있다. 이 한계를 잘 알아야 한다. 과학의 세계에서는 지능을 잘 활용해야 한다. 지능은 하나의 훌륭한 도구이다. 다만 지능이 주인 행세를 하는 것이 아니라 하인 노릇을 충실히 할 때 훌륭하다. 지능이 주인 노릇을 하면 위험해진다. 마음이 의식을 충실히 잘 따르면 훌륭한 하인이 된다. 마음이 의식을 지배하려고 들면 위험한 주인이 된다.

　문제는 시각이다. 나는 지능을 맹목적으로 반대하지 않는다. 나도 지능을 사용해야 한다. 그러므로 어떻게 지능을 반대할 수 있겠는가? 나는 지금 이렇게 강의하면서 지능을 사용한다. 하지만 내가 지능의 주인이지 지능이 나의 주인은 아니다. 나는 지능을 이용하고 싶을 때 이용한다. 내가 지능을 이용하고 싶지 않으면 지능은 힘을 쓰지 못한다. 그러나 현실에서 지능과 마음, 생각 등은 자신이 원하든 원하지 않든 계속 움직인다. 심지어 잠잘 때도 계속 움직인다. 마음은 사람의 말을 전혀 듣지 않는다. 너무나 오랫동안 주인을 지배해온 나머지 이제는 자신이 하인이라는 사실을 완전히 잊어버렸다.

우리는 산책을 나갈 때 다리를 사용한다. 그러나 앉아 있을 때는 다리를 움직일 필요가 없다. 사람들은 이렇게 묻곤 한다.

"두 시간 동안 줄곧 한 자세로 의자에 앉아 강의를 하면서 어떻게 다리를 한 번도 움직이지 않을 수 있습니까?"

내가 왜 다리를 움직여야 하는가? 걷고 있는 것이 아닌데. 물론 나도 그 질문의 뜻이 무엇인지 충분히 안다. 사람들은 의자에 앉아서도 진정으로 앉아 있지를 못한다. 다리를 떨고 자세를 이리저리 바꾸고 몸을 비틀고 하는 등 가만히 있지 못한다. 앉은 상태에서도 앉아 있는 것만을 하지 못한다. 인간의 마음 역시 이와 같다.

나는 지금 이 강의를 하면서 마음을 사용한다. 내가 강의를 멈추면 나의 마음 역시 즉시 멈춘다. 내가 말을 하지 않으면 마음이 움직여야 할 필요성이 사라지고, 마음은 침묵한다. 그렇게 되어야 한다. 그것이 자연스러운 길이기 때문이다. 나는 잘 때 꿈을 꾸지 않는다. 꿈이 필요하지 않기 때문이다. 사람은 낮 생활에서 하지 못한 일들을 꿈으로 풀어낸다. 그것은 일종의 야근이다. 일과 중에는 할 수 없었던 일을 야근을 통해 해결한다.

사람은 수많은 일을 한꺼번에 하려고 든다. 그래서 아무것도 완결시키지 못한다. 생각한 일들이 모두 미완성으로 남는다. 영원히. 설령 죽는 날이 와도 아무것도 완성하지 못하고 죽는다. 인간의 마음은 사방팔방으로 움직이기 때문에 어느 방향의 일도 완성할 수 없다. 사람은 수많은 조각으로 분열되었다. 마음은 사람을 이쪽으로 끌고 가고, 가슴은 저쪽으로 끌고 가며, 몸은 또 다른 쪽으로 사람을 끌고 간다. 그래서 사람은 어느 방향으로 가야 할지 모른다. 마음이라고 해도 하나만 있는 것이 아니다. 사람의 마음에는 수없이 많은 마음이 존재한다. 거기에는 어떤 조화도, 통일성도 존재하지 않는다. 인간은 오케스트라가 아니다. 각 연주자(마음)마다 따로 존재한다. 아무도 상대의 말을 듣는 법이 없다. 그래서 인간은 교향악을 연주하지 못하고 소음만 생산한다.

지능은 통일된 존재를 따르는 하인의 역할을 할 때 제 역할을 할 수 있다. 지능이 제 위치에 있을 때 모든 것이 자연스럽게 흘러가지만, 제 위치에 있지 않으면 모든 것이 엉망이 된다. 머리가 어깨 위에 있을 때 만사가 좋지만, 머리가 다른 데 있으면 만사가 엉망이 된다.

과학에는 지능이 필요하다. 경제생활에도 지능이 있어야 한다. 사람들과 대화하는 데도 우리는 지능을 써야 한다. 그러나 지능의 역할에는 한계가 있음을 알아야 한다. 지능이 전혀 필요하지 않을 수 있다면 더없이 좋은 일이다. 우리가 여기서 지능이 필요하지 않을 때도 지능이 주인이 되어 움직이는 것을 문제로 여긴다. 명상가는 지능뿐 아니라 직관도 사용한다. 명상가는 둘의 기능이 다름을 안다. 그래서 지능이 필요할 때는 머리를 사용하고 직관이 필요할 때는 가슴을 사용한다.

예전에 콜카타에 갔을 때의 일이다. 콜카타에서 나는 고등법원 판사의 집에 머물곤 했다.

하루는 판사의 아내가 이렇게 말했다.

"제 남편이 존경하는 사람은 선생님밖에 없어요. 선생님의 말씀은 듣지만 다른 사람의 말은 죽어도 듣지 않아요. 제 말은 백번 천번 해도 듣지 않아요. 그래서 드리는 말씀인데……."

내가 말했다.

"그런데요?"

그녀가 대답했다.

"문제가 날로 심각해져 가요. 그이는 퇴근해서도 판사 노릇을 계속해요. 심지어 잠자리에서도요. 제가 재판장님이라고 부르기를 기대하기라도 하듯이 말이에요. 아이들한테는 또 어떻고요. 애들을 죄인 다루듯 해요. 어떤 사람을 만나도 자신이 재판장인 줄 안다니까요. 정말 이제는 신물이 나요. 그이는 집에 와서도 판사석에 앉아 있는 것처럼 해요. 그러니 주위에 있는 사람들이 얼마나 피곤하겠어요."

틀린 말이 아니었다. 나는 그 판사를 잘 알고 있었다. 법정에서는 판사 노릇을 잘하면 되지만 법원 문밖을 나오면 판사 신분은 놓고 나올 일이다. 하지만 그는 집에서 아내나 아이들에게도 판사 노릇을 했다. 그들은 판사를 두려워했다. 그가 집에 들어오면 모두 벌벌 떨었다. 아이들은 즐겁게 뛰어놀다가도 아버지가 들어오면 당장 굳어졌다. 아내도 마찬가지였다. 그가 집 안에 발을 들여놓는 순간 집 안은 법정으로 돌변했다.

세상 사람들 모두가 그렇다. 회사에서의 역할을 집에서도 계속하려는 자세 말이다.

인간은 세상살이를 위해 지능이 필요하다. 머리는 그만의 기능과 장점이 있다. 하지만 제자리를 찾아가야 한다. 머리의 세계 너머에도 훨씬 아름답고 위대한 일들이 있다. 그곳에 가려면 우리는 머리를 떼어놓고 가야 한다. 그러기 위해서는 삶의 유연성과 지성이 필요하다.

지능과 지성을 혼동하지 말라. 지능은 지성의 일부분일 뿐이다. 지성은 훨씬 커다란 현상이다. 삶은 지적일 뿐만 아니라 직관적이기도 하다. 지성에서 직관이 나온다. 인간의 위대한 발견은 지능이 아닌 직관에서 나왔다. 사실, 위대한 발견은 모두 직관에서 나왔다.

인간에게는 심오한 어떤 것이 존재한다. 그것을 알아야 한다. 지능은 주변부일 뿐이다. 지능은 존재의 중심이 아니다. 존재의 중심은 직관이다.

지능을 제쳐두고, 머리를 한쪽으로 제쳐두면 내면에서 심오한 어떤 것이 그 작용을 시작한다. 이것은 주변부의 머리가 도저히 이해할 수 없다. 존재의 중심이 움직이기 시작하는 것이다. 이 중심은 전체계와 이어져 있다. 인간의 주변부는 에고요, 중심부는 도道와 이어져 있다. 그 중심은 내 것, 네 것이 아니라 우주의 것이다. 주변부는 개인에 속해 있지만, 중심부는 하나로 통한다. 모든 것은 중심에서 만나 하나가 된다.

그래서 신비가들은 모두 존재계가 하나임을 깨닫는다. 직관의 눈으로 보면 존재계는 하나이다. 과학은 사물을 나누고 잘라서 가장 작은 입자에 도달한다. 그리하여 세상은 수많은 우주로 갈린다. 그 세계는 더는 '단일 우주Universe'가 아니다.

그러므로 과학자들은 '유니버스'라는 말을 써서는 안 된다. 그 말은 단일 우주를 뜻하기 때문이다. 과학자들이 만들어 놓은 세상은 수많은 우주, 즉 '멀티버스Multiverse'이다. 그러므로 과학자들은 유니버스 대신 멀티버스라는 말을 써야 할 것이다. 유니버스라는 말에는 신비주의 뜻을 담고 있다. 우주는 하나라는 말이기 때문이다. 신비가는 하나에 도달한다. 존재의 중심으로 들어가면 이 하나를 체험한다. 주변부에서 존재의 중심으로 들어간 사람은 하나의 우주로 통한다. 이때 더없이 거대한 도약을 이룬다.

상상

직관의 능력과 자신의 현실을 만드는 능력은 다른 정도가 아니라 완전히 정반대이다. 직관은 거울이다. 그래서 직관은 아무것도 만들지 않는다. 그저 비출 뿐이다. 직관은 있는 그대로 비춘다. 직관은 순수하고 고요하며 수정같이 맑은 물이다. 이 물은 별과 달을 비춘다. 직관은 아무것도 만들어내지 않는다. 동양에서는 이를 '제3의 눈'이라 한다. 이 눈은 아무것도 지어내지 않고 사물을 있는 그대로 비춘다.

자신의 현실을 만드는 일은 상상이다. 상상은 그 능력으로 꿈을 꾼다. 사람은 꿈속에서 수많은 것들을 지어낸다. 인간은 평생에 걸쳐 매일 밤 꿈을 꾼다. 아침이 되면 '이 모두가 꿈이었구나!'라고 탄식할 그런 꿈을. 이것은 참으로 놀라운 일이 아닐 수 없다. 또 다른 밤이 오고 잠 속으로 빠져들며 상상의 나래를 편다. 그 속에서는 어김없이 꿈을 현실로 받아들인다.

상상의 능력은 다르게 작용할 수도 있다. 상상은 꿈을 지어낸다. 사람은 이 꿈이 현실이 아님을 안다. 그러나 상상이 만들어낸 꿈에 포위되면 꿈은 현실보다 더 현실적으로 보인다. 현실 세계에서는 가끔 자신의 모습이 진짜인가 아닌가 의심이 들기도 하지만 꿈속에서는 아니다. 현실의 세계에서는 자신이 보고 듣는 것이 참인지 의심을 할 수 있지만, 꿈속에서는 아니다. 꿈에서 깨어나야 '아, 그것이 꿈이었구나!'를 알 수 있다.

꿈과 현실에는 이런 차이가 존재한다. 현실에서는 '이건 꿈일 수 있다.'라고 의심할 수 있다. 하지만 꿈속에서는 '이건 꿈일 수 있다.'라는 생각조차 들지 않는다. 이것이 인간의 꿈과 현실의 유일한 차이이다. 현실에서는 이성이 그 기능을 하지만 꿈속에서는 하지 못하기 때문이다.

같은 상상의 능력이 백일몽을 만든다. 혼자 아무것도 하지 않고 앉아 있는데 눈앞에 꿈이 흘러간다. 깨어 있는 상태에서 한 나라의 대통령이 되는 꿈을 꾼다. 물론 마음 한쪽에서는 이 모두가 부질없는 짓이라는 것을 잘 안다. 그러나 그렇게 넘어가기에는 모든 것을 이룰 수 있는 꿈들이 더없이 달콤하다. 세계를 정복하거나 세계 최고 부자가 되는 일 등등. 인간은 두 눈을 뜨고 꿈을 꾼다. 이런 일이 지나치게 심해지면 정신이 나간다. 그리고 정신병원으로 들어간다. 상상 속에서 사는 인간의 모습을 적나라하게 보면 참으로 놀랍기 그지없다. 눈앞에 있지도 않은 사람에게 말을 건다. 말을 할 뿐 아니라 그 사람을 옆으로 피해간다. 한 점의 의심도 없이.

마음 스스로가 백일몽을 믿기 시작하면, 상상이 만들어낸 환각을 믿기 시작하면 상상은 정신이상으로 바뀔 수 있다. 내가 보는 바로는, 신을 보았거나 만났거나 신과 이야기를 나누었다는 세상의 성자나 종교 지도자들이 그런 범주에 속한다. 그들이 본 신은 상상력의 소산일 뿐이다.

원한다면 이를 스스로 실험해볼 수 있다. 기간은 3주, 환각을 볼 수 있는 토대를 준비하는 데는 다음 두 가지만 하면 된다. 그러면 자신 앞에 서 있는 예수도 붓다도 볼 수 있다. 그들과 대화를 나눌 수도 있다. 비록 다른 사람은 전혀 보지 못한다 해도 심지어 실험하는 사람이 질문을 하면 대답을 얻을 수도 있다. 다른 사람들이 보지 못하는 것은 그들이 영적인 경지가 낮아서일 것이다. 다음 두 가지만 하면 된다. 첫째는 3주 동안의 단식이다. 배가 고플수록 지성의 작용은 저하되기 마련이다. 지성이 제대로 기능을 하려면 일정량의 비타민이 지속적으로 공급되어야 한다. 비타민이 제대로 공급되지 않으면 지성의 날카로움은 흐려지기 시작한다. 3주 동안 단식을 하면 지성은 그 기능을 멈춘다. 첫째는 지성의 기능을 잠재운다. 그래서 세상의 모든 종교는 모두 단식을 성스러운 수행으로 간주한다. 그러나 사실 이 이면에 숨어있는 전략은 3주간에 지성을 잠재우는 것이다. 지성이 잠들면

의심할 수 있는 능력은 마비된다. 이제 상상력이 활개를 치고 다닐 수 있다.

둘째는 혼자 있음이다. 산이나 숲, 동굴 속으로 들어가 혼자 지낸다. 인간은 사회 속에서 상장하기 때문에 항상 많은 사람과 더불어 존재한다. 그래서 인간은 온종일 재잘거린다. 밤에는 꿈속에서조차 재잘거린다. 아침부터 밤중까지 쉼 없이 떠든다. 이야기할 대상이 없으면 이제는 신에게 이야기한다. 그것이 기도이다. 이것은 거룩하게 미치는 방법이다.

3주간이면 된다. 1주 후에는 말을 크게 하게 된다. 2주 후에는 자신에게 말을 하지만 아무도 듣는 이가 없음을 안다. 듣는 이가 있으면 미친 사람 취급을 받을 것이다. 첫째 주가 끝날 무렵이면 그 두려움은 없어진다. 지성이 둔화되기 때문이다. 둘째 주에는 큰 소리로 말을 한다. 셋째 주에는 만나고 싶은 사람을 본다. 예수, 크리슈나, 마하비라, 붓다, 죽은 친구 등 누구든지 볼 수 있다. 3주 후에는 보고 싶은 사람을 우리 현실보다 훨씬 더 선명하게 시각화할 수 있게 된다. 그래서 종교는 단식과 은둔이라는 두 전략을 선호했다. 이것은 과학적으로 환각 상태를 경험할 수 있는 방법이다.

이를 체험하는 사람은 자신 마음대로 현실을 만들 수 있다. 예수와 살고 싶으면 그렇게 만들 수 있고, 붓다와 얘기하고 싶으면 그렇게 할 수 있다. 질문을 하고 대답을 얻을 수도 있다. 사실 둘 다를 본인이 하는 것이지만. 하지만 질문하는 목소리와 대답하는 목소리는 다르게 할 것이다. 정신병원에서 벌어지는 일들이 이와 같다. 그곳에서 사람들은 벽을 보고 이야기한다.

신을 체험했다거나 신과 이야기를 나누었다는 성자들을 모두 심리학적으로 깊이 있게 연구해 볼 필요가 있다. 그들은 정신병자와 그리 다르지 않은 사람들이다. 자신만이 신의 계승자요, 유일한 예언자요, 화신이라는 그들의 선언은 모두 정신이상에 불과하다.

그들의 예언과 말씀 모두가 환각 상태에서 나왔음을 알면 엄청난 충격을 받을 것이다. 그들은 환각으로 자신만의 현실을 만들어냈다. 그들의 신도 상상의 산물이요, 그들이 받았다는 신의 메시지도 그들의 마음에서 나온 바요, 그들이 후대에 남겼다는 경전들도 스스로 지어낸 것들이다. 신이 직접 쓴 책은 존재하지 않는다. 나는 세상의 경전들이란 경전은 모두 읽어보았다. 문학적인 가치도 없는 책들에 대에 성스러움을 말해 무엇하랴! 세상 경전은 모두 삼류소설에 지나지 않는다. 그런데도 세상 사람들은 삼류소설을 경배한다.

인간의 역사 전체는 단 한마디로 요약할 수 있다. '히스테리의 역사.' 성자와 성인들은 모두 히스테리 환자들이다. 극소수만이 상상을 내려놓았다. 마음도 모두 내려놓았다. 그렇지만 그들에게서 신을 체험했다는 말을 들어보지 못했다.

붓다는 결코 신을 본 적이 없다. 그는 엄청난 침묵을 체험했으며 깨달은 후 줄곧 떠나지 않는 기쁨을 체험했다. 그의 깨달음은 허구가 아니다. 허구는 그렇게 오래 가지 못한다. 꿈은 덧없이 금방 흘러간다.

붓다는 깨달은 후에 완전히 다른 사람이 되었다. 기쁨은 호흡처럼 그의 곁을 떠나지 않았다. 붓다는 신에 대해서도, 천국이나 지옥에 대해서도, 천사에 대해서도 이야기하지 않는다. 그는 이런 것들을 보지 않았다. 이런 것들은 모두 먼저 지어내야 하는 것들이다. 보고 싶을 때마다 볼 수 있는 환경을 만들고 자신을 준비해야 한다. 예수를 죽도록 보고 싶은 사람, 그것을 위해 무엇이든 할 준비가 되어 있는 사람, 은 둔과 단식 등을 하는 사람이.

유럽의 아토스Athos라는 곳에 천여 년이 된 수도원이 있다. 아마 유럽에서 가장 오래된 수도원 중의 하나일 것이다. 이 수도원의 규정에 따르면 일단 원내로 들어오면 살아서는 밖으로 나갈 수 없다. 수도원 안에는 만여 명의 수사들이 살고 있다. 죽어서야 비로소 수도원 밖으로 나갈 수 있다. 그것도 안에서 시신을 구멍을 통해 내주면 밖에 있는 평신도들이 이를 받아 장사를 지낸다. 내부에 있는 사람은 시신을 평신도들에게 인도하기 위해 밖으로 나올 수조차 없다.

이들은 수도원 내에서 무엇을 하는가? '아베마리아'를 찬송할 뿐이다. 이 수도원은 예수의 어머니, 마리아를 모시는 수도원이다. 그들이 온종일 하는 일이라곤 '아베마리아'를 찬송하는 일밖에 없다. 세상과 단절된 상태에서 단식을 하며 그렇게 하면 곧 성모 마리아가 나타나는 환각을 보게 된다. 다른 수사와 이야기해도 안 되며 독방에서 수도에만 전해야 한다. 이야기는 수도원장에게만 할 수 있다. 천 년 동안 단 한 명의 여자도 수도원에 발을 들여놓지 못했다. 막 태어난 여자 아기라도 입장이 허용되지 않았다. 이들 수사는 억압된 성 에너지라는 활화산 위에 앉아 있는 꼴이다.

성 에너지를 억압하면 환각 상태를 더욱 쉽게 체험할 수 있다. 처녀는 환상 속에서 총각을 꿈꾸고 총각은 처녀를 꿈꾼다. 그들의 꿈은 점점 성적으로 변한다. 성은 이제 그들의 마음을 지배한다. 수사가 은둔 생활 속에서 단식을 하고 성을 억압하고 예수나 성모 마리아만을 생각하면 자연스럽게 환각 상태가 일어나기 마련이다. 환각 상태가 깊어질수록 더욱 존경받는다. 수도원에서 가장 정신이 나간 사람은 바로 수도원장이다.

수도원이나 수녀원이라 불리는 정신병원에서 이들을 꺼내어 꿈에서 깨어나게 하고 현실 세상으로 되돌아오게 하려면 많은 일을 해야 한다. 그렇다고 또 다른 세상을 만들려고 할 필요는 없다. 세상의 현실과 그 현란한 아름다움, 색채, 생기 등을 제대로 느끼기 위해서는 자신의 감각을 정화해야 한다.

내면에 없는 실재를 만들어내야 하는 것이 아니라 있는 그대로의 실재를 발견해야 한다. 자신이 만들어낸 것은 상상에 불과하기 때문이다. 내면으로 들어가 침묵 속에서 지켜보라. 깨어서 있는 그대로를 보라. 있는 그대로의 실재를 보는 사람은 크나큰 침묵과 더없는 기쁨, 무한한 더없는 행복, 불멸 등을 체험할 것이다. 그는 신을 보지도, 천사를 보지도 않는다. 신도 천사도 스스로 만들어 보는 것들이다.

직관과 상상, 지능 모두는 초월해야 할 대상이다. 마음을 넘어선 자리로 가보아야만 한다. 정적과 고요, 침묵으로 휩싸인 자리, 그것이 인간의 본성이요 불성佛性이다. 그것이 인간의 참된 존재요, 속성이며, 우주의 속성이다. 이를 우주 의식이라 불러도 좋고 우주 신성神性이라 해도 좋으며, 달리 어떻게 불러도 좋다. 그러나 헤아릴 수 없는 사람들이 자신의 상상에 의해 스스로 속고 있음을 알아야 한다. 상상의 길은 아주 편리하고 쉽다. 간단한 방법을 따라 현실을 만들어낼 수 있다.

예전에 한 친구와 함께 머물 때의 일이다. 인도에는 성스러운 축제의 날이 있다. 이 축제 때 사람들은 마리화나와 비슷한 방Bhang을 사용한다. 나와 함께 머물고 있던 사람은 대학교수로 소박하고 좋은 사람이었다.

내가 그에게 말했다.

"그건 좋은 생각이 아닙니다."

하지만 그는 몇몇 친구들을 만났고, 친구들은 그에게 마리화나가 잔뜩 들어간 과자와 음료수를 주었다. 한밤중이 되어도 그가 돌아오지 않자 이상하게 생각한 나는 그를 찾아 나섰다. 그런데 이게 어떻게 된 일인가? 벌거벗은 채 많은 사람에게 둘러싸인 그가 큰 소리로 헛소리를 늘어놓고 있었으며 사람들은 그에게 돌을 던지고 있었다.

나는 영문도 모르는 채 돌 던지는 사람들을 말려야 했다.

"제가 아는 사람입니다. 약을 한 것 같군요."

그리고 그에게 옷을 입히려 하자, 그가 격렬히 저항했다. 바지를 입히려고 하자, 그는 바지를 벗어 던지고는 달아나기 시작했다.

나는 그 도시가 낯설었지만, 교수는 도시 구석구석을 훤히 꿰뚫고 있었다. 골목길 사이로 이리저리 도망가는 그를 몇 분간 쫓다가 놓치고 말았다. 아침이 되자 그가 경찰서에 구금되어있다는 연락이 왔다. 내가 경찰서에 갔을 때 그는 어느 정도 의식을 회복했지만, 아직도 머리가 아픈 모양이었다.

그가 나를 알아보고는 말했다.

"미안하게 됐습니다. 말을 듣지 않아서……."

사람들에게서 돌을 맞았는지 몸 여기저기 상처가 나 있었다.

그날 이후 그는 경찰만 보면 기겁했다. 경찰서에 끌려간 날, 그는 그곳에서 흠씬 두들겨 맞은 모양이다. 그렇게 맞지 않았다면 그는 결코 옷을 입지 않았을 것이다. 하여튼 그는 이후 극심한 경찰 공포증에 시달려야 했다. 삶이 고단해졌다. 밤에 거리를 순찰하는 경찰들이 내는 발소리만 들어도 침대 밑으로 기어들어 가고는 했다,

그럴 때마다 내가 이렇게 묻곤 했다.

"발람Balram, 뭐 하는 거요?"

발람이 그의 이름이었다.

그러면 그는 이렇게 말하곤 했다.

"쉬, 경찰이 와요."

그러는 그를 대학교로 불러들이는 일이 어려워졌다. 강의를 하지 않으려 한 것이다. 그래서 나는 교수에게 보름간의 휴가를 줄 것을

학장에게 부탁했다. 교수는 모든 것을 의심하기 시작했다. 두 사람이 거리 귀퉁이에서 소곤거리는 모습을 보면 교수는 이렇게 의심하고 했다.

"봐요, 저 사람들 뭔가 수작을 부리는 거요. 나를 잡아서 감옥에 집어넣고는 또 두들겨 팰 거라고요. 뭔가 조치를 해보시오!"

또 경찰차가 지나가면 이렇게 말했다.

"아이고, 드디어 왔구나!"

나는 이 모든 것이 교수의 공포증 때문이라는 것을 입증해 보이기 위해 무진 애를 썼다. 나는 그의 공포증이 어떻게 생겨났는지 알고 있었지만 어찌해볼 도리가 없었다. 그는 어떤 말도 들으려고 하지 않았다. 그는 잠을 자지 않으면서 나의 잠까지 방해했다. 마침내 나는 경찰서의 경감을 찾아가서 부탁을 하는 묘안을 짜낼 수밖에 없었다. 경감에게 교수에 대한 이야기를 다 해주었다.

"좀 도와주셔야겠습니다. 이 사람은 소박하고 순수한 사람입니다. 어쩌다 보니 마리화나를 했을 뿐, 다른 범죄행위를 한 일은 없습니다. 축제에서 과자와 음료수에 마리화나가 섞은 것을 먹은 거지요. 하여튼 경찰에 붙잡혀 흠씬 두들겨 맞은 모양입니다. 그렇지 않았으면 당시 옷을 입지 않았을 거예요. 사실, 내가 옷을 입히려 했지만 벗어던지고 도망을 갔거든요."

경감이 말했다.

"어떻게 하면 도움이 될 수 있겠습니까?"

내가 설명했다.

"아무 자료나 가지고 오세요. 교수는 경찰이 죄를 입증할 자료를 가지고 있으며 체포할 기회만을 엿보고 있다고 믿어요. 아무 자료나 가지고 오세요. 수갑과 체포영장도 같이요. 교수는 경찰만 보면 제정신이 아닙니다. 그러니 밤에 와서 체포해야 합니다. 그때, 내가 끼어들어 경감님에게 5,000루피Rupee, 인도의 화폐 단위_역주의 뒷돈을 주고 그를 빼내려고 하겠습니다. 그러면 경감님은 마지 못한 표정으로 그를 놓아주는 겁니다. 그리고 내가 자료를 불태워 달라고 부탁하면 그것을 그 자리에서 불태우는 겁니다. 경감님이 떠날 때 이렇게 말해주세요. '이제 자료마저 태웠으니 경찰에게는 교수의 범죄행위를 입증할 만한 아무런 것도 없습니다.' 내가 준 5,000루피는 나중에 돌려 받겠습니다."

경감은 상당히 좋은 사람이었다. 그는 기꺼이 해주겠다고 약속했다. 바로 그날 밤, 경감이 우리 방에 오자 교수 친구는 침대 밑으로 기어들어 갔다. 경감이 그를 끄집어냈다.

그러자 발람이 나에게 화를 냈다.

"보시오, 경찰이 언젠가는 온다고 했지요. 봐요, 왔잖아요. 그것도 증거를 가지고."

경감은 내게 체포영장을 보여주고는 말했다.

"이 사람을 체포합니다."

그리고는 발람의 손에 수갑을 채웠다.

내가 경감에게 부탁하려고 했지만, 그는 내 말을 들은 체도 하지 않았다.

"어쩔 수 없습니다. 적어도 5년은 감옥에서 보내야 합니다."

그러자 발람이 나를 보고 애원했다.

"보시오, 어떻게 좀 해줘요. 나는 이제 끝장이오, 끝장!"

그래서 내가 경감에게 5,000루피를 주며 부탁했다.

"이 사람은 법 없이도 사는 사람입니다. 딱 한 번만 봐주십시오. 다시는 이런 일이 없도록 하겠습니다. 다시 이런 일이 발생하면 내가 나서서 이 사람을 유치장에 집어넣겠습니다. 초범입니다. 그리고 그건 마약에 취해서 한 일이라 어쩔 도리가 없었습니다."

나는 상당히 힘들게 경감을 설득해서 가지고 온 증거 자료를 태우게 했다. 경감을 수갑을 풀고 나에게 다짐을 받았다.

"좋습니다. 이번뿐입니다. 다시 그런 일이 있으면 나도 어쩔 도리가 없어요. 경찰서에 신고, 접수된 건은 모두 소각되었으니 이제 경찰이 교수를 체포할 이유나 권한이 사라졌습니다."

그날 이후 발람은 완전한 정상으로 되돌아왔다.

다음날 나는 5,000루피를 돌려받기 위해 경찰서에 갔다. 경감은 참으로 좋은 사람이었다.

그는 순순히 돌려주면서 물었다.

"그 사람 어떻습니까?"

내가 대답했다.

"완전히 정상으로 돌아왔습니다. 경찰이 옆을 지나가도 신경도 쓰지 않아요. 제가 한두 번 '저기 경찰이 있네요'라고 말해도 증거가 불타 없어졌으니 신경을 쓰지 않는다고 말해요."

발람은 환각으로 자신의 주변 환경을 지어냈다. 세상의 종교는 그런 환각 상태에서 산다. 고대의 힌두교 경전들이 히말라야에서 나는 마약의 일종인 솜라스Somras에 대해 말하는 것을 보면, 참으로 놀라운 일이 아닐 수 없다. 당시 수행자들이 솜라스를 마시는 일은 일상적인 수행의 한 과정이었다.

20세기의 지성인 올더스 헉슬리Aldous Huxley는 'LSD'가 발명되자 대단히 기뻐했다. 그는 최초의 'LSD' 찬양자였다. 그는 'LSD'를 하면 붓다나 카비르(Kabir, 16세기), 인도 바라나시 출신의 신비가. 그의 노래와 시는 인도인들에게 널리 사랑을 받음_역주, 나나크(Nanak, 1469~1583), 인도 펀자브 출신으로 이슬람교의 영향을 강하게 받은 뒤, 힌두교를 개혁하여 시크교 창시함_역주 등과 같은 영적 체험을 할 수 있을 것이라고 믿었다. 또한 그는 베다Veda, 고대 인도의 브라만교의 근본 경전으로 인도에서 가장 오래된 문헌_역주에 나오는 솜라스를 믿으며,『천국과 지옥Heaven and Hell』에서 "미래의 과학은 최상의 마약을 개발할 것이며, 그 이름은 최초의 영적 마약이었던 솜라스를 기념하여 '소마Sama'가 될 것이다."라고 썼다.

인도에서는 리그베다Rigveda, 인도에서 가장 오래된 종교적 문헌으로,

브라만교(教)의 근본 경전인 4베다 중 첫째 문헌_역주 시대부터 힌두교의 수행자나 종교인들이 형상적인 신을 체험하기 위해 갖가지 마약을 했다. 일전에 카비르를 신봉하는 사람들을 만난 적이 있다. 그들은 온갖 종류의 마약을 다 하기 때문에 어느 시점에 이르면 몸이 마약에 아무런 반응을 보이지 않게 된다. 그런 경우에는 코브라를 길러 코브라가 자신들의 혀를 물게 한다. 그래야만 영적인 체험을 할 수 있다. 나는 카비르 아쉬람에서 커다란 코브라를 기르는 것을 본 적이 있다. 한 번 물리면 즉사할 수 있는 그런 코브라였다. 그곳 아쉬람의 승려들은 다른 마약이 듣지 않기 때문에 코브라가 필요했던 것이다.

서양의 젊은 세대가 마약과 동양의 매력에 빠지는 것은 우연한 일이 아니다. 그들은 물리도록 누린 세속적인 일상을 넘어선 무엇인가를 체험해보기 위해 동양을 찾는다. 이제 그들은 섹스와 알코올 등에 진력이 났다. 그래서 이제는 동양을 찾아 현실을 마음대로 지어내는 방편을 세운다. 그들이 찾는 동양의 아쉬람에서 배우는 방편들은 대부분 상상의 세계를 키운다. 일종의 미묘한 마약인 셈이다.

서양에서는 많은 사람이 마약에 빠져든다. 마약을 한 혐의로 수많은 젊은 남녀가 감옥에 간다. 나는 이를 다른 시각에서 본다. 물론 그들이 찾는 방식에 문제가 있지만, 나는 이를 세속적인 것을 넘어선 무엇인가를 찾는 여행의 시작이라고 본다. 마약은 진리를 보여주지 못한다. 마약은 진리처럼 보이는 세계를 지어낼 뿐이다. 그것마저도 몇 시간뿐, 다시 또 마약을 해야 한다. 매번 할 때마다 더 많은 양의 마약을 해야 한다.

　요즈음 젊은이들 사이에 일어나는 마약에 대한 욕구는 그 어느 때보다 강렬하다. 그들은 심지어 감옥에 갈 준비도 되어 있다. 설령 감옥에 들어가도 나와서 다시 마약을 한다. 심지어 감옥에서조차 간수를 통해 마약을 구한다는 말을 들은 적이 있다. 돈만 있으면 된다.

　나는 이런 풍조가 그리 나쁜 징후라고 생각하지 않는다. 문제는 젊은이들을 그릇 인도함에 있다. 그들의 의도는 옳다. 하지만 마약이 그들의 욕망이나 갈망을 해결해줄 수 없음을 아무도 그들에게 이야기해주지 않는다. 명상과 침묵, 마음을 넘어가는 일만이 참다운 만족과 충만을 안겨줄 수 있다.

　지금 사회에서 벌어지고 있는 것처럼 젊은이들을 맹목적으로 비난해서는 안 된다. 윗세대가 책임져야 한다. 그들은 젊은 세대에게 대안을 제시하지 못하고 있다.

　나는 유일한 대안을 제시한다. 명사의 충만함 속으로 들어감으로써 다른 것이 필요 없어지는 것이 그것이다. 명상 속으로 들어가면 실재를 지어낼 필요가 없다. 명상 속에서는 이를 직접 보기 때문이다. 지어낸 실재는 거짓이요 꿈이다. 달콤하다 해도 꿈은 꿈일 뿐이다. 목마름 자체는 옳다. 그래서 사람들은 물을 찾아 떠돈다. 종교나 정치 지도자, 정부, 교육제도 등 어느 것도 목마른 이들에게 물이 있는 곳을 알려주지 못한다.

　나는 이런 현상을 좋은 징조로 받아들인다. 이제 올바른 방향만 알려주면 된다. 올바른 방향은 기존의 종교나 사회가 줄 수 없다. 수많은 사람을 파괴하는 병들고 추한 현상을 바꾸어야 한다. 새로운 인류가 태어나야 한다. 이것은 급박한 일이다.

사람은 모두 자기 자신을, 본래 모습을 알아야 한다. 그런 열망이 나타나고 있는 것은 고무적이다. 머지않아 우리는 젊은 세대를 바른 방향으로 인도할 수 있으리라. 산야신Sannyasin, 세속적인 것을 내려놓고 명상과 수행의 세계에 입문한 사람. 여기서는 오쇼 제자를 가리킴_역주이 된 사람들은 그런 마약의 과정을 모두 거친 사람들이다. 그들은 산야신이 되어 명상을 하면서 마약을 멀리하기 시작한다. 마약이 필요 없어진다. 형사처벌이나 감옥의 두려움은 사라지고 바른 방향이 열린다. 명상에서 체험하는 실재는 더없이 충만하고 복스럽다.

존재계는 인간이 더는 요구할 수 없을 정도로 존재와 사랑, 평화와 진리를 넘치도록 주었다. 상상할 수 없을 정도로 주었다.

정치

정치 세계는 본질적으로 본능의 차원에서 일어난다. 정글의 법칙, 힘의 논리에 좌우된다. 정치에 관심을 두는 사람들은 평범한 사람들 뿐이다. 정치를 하는 데는 별다른 능력이 필요 없다. 그저 열등감만 있으면 된다.

정치는 권력에의 의지다. 정치는 이 한 마디 격언으로 요약할 수 있다.

프리드리히 니체Friedrich Nietzsche는 『권력에의 의지Will to Power』라는 책을 저술했다. '권력에의 의지'는 많은 뜻을 내포하고 있다. 정치라는 말을 잘 이해해야 한다. 일인자를 향한 권력투쟁이 곧 정치다. 국가와 주, 정부 등의 장소는 문제가 아니다.

나에게 '정치'라는 말은 일반적으로 이해하는 정치보다 훨씬 넓은 의미를 지니고 있다. 여성은 남성보다 열등한 존재이기 때문에 남성의 지배를 받아야 한다는 남성의 생각 또한 정치적인 것이다. 남성은 여성이 그렇게 믿게 했다. 힘에서 뒤지는 여성은 추하고 비이성적인 남성우월주의에 굴복할 수밖에 없었다. 남성과 비교해 여성은 우월하지도 열등하지도 않다. 남성과 여성은 성이 다른 존재일 뿐이다. 비교해서는 안 된다. 비교는 참으로 어리석은 일이다. 모든 문제는 비교로부터 비롯된다.

왜 세상 남성은 모두 여성이 열등하다고 주장하는가? 여성은 열등한 존재라고 주장하는 일만이 여성을 속박하고 그들의 노예로 만들 수 있는 유일한 길이기 때문이다. 그 길이 한층 쉽다. 여성이 남성과 동등하면 문제가 생긴다. 그러니 여성은 열등한 존재라는 생각을 여성에게 주입시켜야 한다. 여기에서 남성이 주장하는 이유는 여성이 키도 작고 힘도 약하다는 것이다. 여성은 철학이나 신학, 종교 등을 창시하지 못한다는 것이다. 역사적으로 보면 여성 중에는 위대한 화가나 음악가가 없다는 것이다. 그런 점을 보면 여성은 지성이나 지능 면에서 뒤지며, 차원 높은 정신세계에는 관심이 없으므로 가정주부로만 적합하다는 것이다.

이런 식으로 비교하면 쉽게 여자를 열등한 존재로 만들 수 있다. 하지만 이것은 간교한 행위이다. 우리는 남자와 여자를 다른 식으로도 비교할 수 있다. 여자는 아이를 낳을 수 있지만 남자는 낳지 못한다.

남자는 어머니가 될 수 없다. 이런 점에서 본다면 남자는 여자보다 확실히 열등한 존재다. 자연은 남자에게 어머니의 책임을 부여하지 않았다. 남자가 여자보다 열등함을 알았기 때문이다. 책임은 항상 우월한 존재에게 돌아가는 법이다. 자연은 남자에게 자궁을 주지 않았다. 아이를 낳는 데 있어 남자의 역할이란 순간적인 방사뿐이다.

어머니는 자신의 몸속에 있는 아기를 아홉 달 동안 돌봐야 한다. 이것은 결코 쉬운 일이 아니다. 그뿐 아니라 아기를 낳을 때는 엄청난 산통을 겪어야 한다. 그리고 아이가 장성할 때까지 키워야 한다. 과거에 여성은 끊임없이 아이를 낳아야 했다. 그러니 위대한 음악가가 되고 시인이 될 수 있는 시간이 어디 있었겠는가? 남자는 여자에게 그런 시간을 허용해본 적이 있는가? 과거에 여자는 쉴 없이 임신 상태에 있거나 낳은 아이를 키워야 했다. 이렇게 여자가 아이를 돌보고 집안일을 하는 동안 남자는 차원 높은 것들을 사색했다.

하루만이라도, 24시간 만이라도 역할을 바꿔보라. 남편이 아이를 돌보고 음식을 만들고 가사를 하는 동안, 아내에게 사색을 하고 시를 짓고 음악을 만들 수 있는 시간을 주라. 그렇게 해보면 누가 진정 우월한지 알 수 있다! 많은 아이들을 돌보는 일이 얼마나 힘들고 정신없는 것인지는 깨닫는 데는 24시간이면 충분하다. 아이들은 보기에 순수해 보이지만 꼭 그렇지만 않다. 아이들은 엄청난 말썽꾸러기들이다. 온갖 말썽이란 말썽은 다 피운다. 아이들은 한시도 가만있지 못한다. 끊임없이 주위의 관심을 원한다. 이것은 어쩌면 자연스러운 현상이다. 관심은 아이에게 일종의 영양분이다.

하루만 부엌일을 해보면 남편은 온몸에서 힘이 빠지고 자신이 아내보다 우월하다는 생각을 잊을 수밖에 없다. 정신없이 지나가는 24시간 동안 남자는 한순간도 철학이나 신학, 종교를 생각할 수 없다. 우리는 남녀를 다른 시각에서 볼 수 있어야 한다. 여자는 남자보다 저항력이 강하다. 이것은 의학적으로도 입증된 사실이다. 여자는 남자보다 병에 대한 저항력이 강하고 오래 산다. 남자가 네다섯 살 어린 여자를 배우자로 택하는 우리 사회의 관례는 어리석다. 이것은 남자가 좀 더 나이와 사회 경험이 많게 함으로써 남자의 우월성을 지키려는 것이지만 의학적으로 올바른 관례가 아니다. 여자가 남자보다 4, 5년 오래 살기 때문이다. 아내가 남편보다 다섯 살 많아야 같은 시기에 세상을 뜰 수 있다.

사회는 남편이 네다섯 살 많은 관행을 유지할 뿐 아니라 여자의 재혼을 허용하지 않는 전통을 고수한다. 대부분 사회나 문화 속에서 그렇다. 재혼의 문제에 변화가 일어나고 있는 것이 사실이지만 이것은 선진국에나 국한된 이야기이다. 여자가 재혼하지 못하면 적어도 10년은 과부로 살아야 한다. 이런 사회적 관례는 의학적으로 볼 때 건강하지 못하다. 무엇을 위해 여자에게 10년 동안의 과부 생활을 강요한단 말인가? 아내가 남편보다 다섯 살 위일 때가 가장 이상적이다. 그렇게 하면 세상에 과부나 홀아비의 문제는 사라질 것이다.

이제 여자가 남자보다 5년 정도 장수한다는 사실을 알았다. 그렇다면 누가 더 우월한가? 여자는 병원균에 대한 저항력이 남자보다 더 강하다. 그럼 누가 더 우월한 존재인가? 자살률의 경우도 여자가 남자보다 50%나 적다. 정신병의 경우도 마찬가지이다. 남녀를 비교할 때 우리는 이런 사실들을 고려하지 않는가?

왜 남자의 자살률이 여자보다 무려 두 배나 높은가? 이를 보면 남자는 삶에 대한 참을성이 없는 것 같다. 남자는 너무 성급하고 기대치가 높으며, 삶이 자기 뜻대로 움직이지 않으면 거기서 삶을 끝장내고 싶어 한다. 남자는 지나칠 정도로 빠르게 좌절한다. 남자는 삶이 주는 고난과 맞설 용기가 없는 듯하다. 이것은 남자의 나약함이다. 자살은 겁쟁이가 가는 길이다. 당면한 문제를 푸는 것이 아니라 도피하는 길이다.

여자에게는 더 많은 문제가 있다. 자신의 문제뿐만 아니라 남자가 만든 문제까지 짊어져야 한다. 여자의 문제는 남자보다 2배나 많지만, 여자는 대담하게 문제에 맞선다. 이러한 사정에도 불구하고 남자는 여자가 나약한 자라고 말한다. 왜 2배나 많은 남성이 미치는가? 이를 보면 남성의 지능 구조가 허약함을 알 수 있다. 어느 순간에도 무너져 내릴 수 있으니 말이다.

실정이 이런데도 왜 여자는 열등하다고만 하는가? 정치적인 술수 때문이다. 이것은 일종의 세력다툼이다. 한 나라의 대통령이 되기란 어려운 일이다. 엄청난 경쟁 속에서 살아남는 것은 거의 기적과도 같은 일이다. 메시아가 되는 일도 쉽지 않다. 세상에 나가 '나는 메시아다!'라고 외쳐보라. 그는 금세 십자가에 매달릴 것이다.

일전에 기독교 선교사를 모집하는 광고를 보았다. 십자가에 매달린 예수의 모습이 담긴 광고에는 이렇게 쓰여 있었다. "용기 있는 사람만이 목사가 될 수 있습니다." 참으로 대단한 광고다! 다른 기독교 사제들은 어떤가? 그들은 진정으로 십자가에 매달릴 준비가 되어 있는가? 아니다. 광고가 이미 모든 것을 말해주고 있다. 기독교에 진정한 사제가 있다면 그는 단 한 사람뿐이다. 교황이나 추기경, 주교, 이들은 누구인가? 이들은 진정한 사제가 아니다. 예수는 자신의 사상을 선포하고 십자가에 매달렸다. 그러나 교황이 세계 구석구석을 방문하면 그는 한 나라의 대통령이나 수상 등으로부터 국빈 대접을 받는다. 이는 참으로 이상한 일이 아닐 수 없다. 사람들은 교황이나 주교를 깍듯이 예우한다. 그러나 이것이 교황이나 주교가 진정한 기독교 사제가 아님을 선포하는 일임을 그들을 깨닫지 못한다. 교황이나 주교가 진정한 기독교 사제임을 선포하고 싶다면 그들을 십자가에 매달라!

이것은 나의 주장이 아니라 기독교인들의 주장이다. 그들은 선교사 모집 광고에서 십자가에 매달린 예수의 사진을 넣고 "용기 있는 자만이 목사가 될 수 있다."라고 하지 않는가?

정치가가 되는 일이란 참으로 간단하다. 국가나 정부, 행정 등에 대해 관심을 둘 필요가 없다. 파워게임만 할 줄 알면 된다. 남편이 아내보다 우월하려고 한다면 이것이 곧 정치이다. 아내가 남편보다 우월하려고 애쓴다면 이 또한 정치이다. 장구한 세월 동안 여자의 마음은 열등하다는 쪽으로 조건화되었지만, 여자는 남자의 우월성에 대항하여 태업怠業을 한다.

세상의 아내가 바가지를 긁고 짜증을 부리고 사소한 일에도 울고불고 남자가 보기에는 아무렇지도 않은 일에 야단법석을 피우는 것은 바로 그 때문이다. 아내는 왜 야단법석을 피우는가? 이것은 남편의 정략적인 행위에 대한 여성의 태업이다. '당신이 나보다 우월하다고요? 천만에. 누가 진정으로 우월한지 보여드리죠.' 남편은 다 안다, 누가 우월한지. 그런데도 남편은 항상 우월하려고 부단히 노력한다. 적어도 집 밖에서만큼은 어깨를 펴고 넥타이를 바로잡고 얼굴에는 미소를 지으며 아무렇지도 않은 양한다.

초등학교 교실, 선생님이 아이들에게 질문을 던진다.

"사자처럼 집 밖으로 나갔다가 생쥐처럼 집으로 돌아오는 동물을 아는 사람은?"

한 아이가 손을 든다.

선생님이 묻는다.

"그래, 뭐라고 생각하니?"

아이가 대답한다.

"우리 아빠요."

아이들은 관찰력이 예민하다. 주변에서 일어나는 일을 그대로 지켜본다. 그의 아빠는 사자처럼 나갔다가 생쥐처럼 들어오곤 했던 것이다. 남편은 모두 공처가이다. 다른 종류의 남편은 존재하지 않는다. 왜 그런가? 왜 남편과 아내 사이에는 이런 추한 모습이 발생하는가? 남성적인 형태의 정치와 여성적인 형태의 정치가 만나 서로 위에 서려고 하기 때문이다.

모든 사회에서도 똑같은 일이 일어난다. 그것은 대학의 경우에도 그렇다. 강사는 전임강사가 되고 싶어 하고, 전임강사는 정교수, 정교수는 학장, 학장은 총장이 되기 위해 발 벗고 뛴다. 정상을 향해 끊임없이 권력투쟁을 한다. 이와 같은 행태가 교육자로서 바른 일이 아님을 지적하는 사람들이 나와야 당연하지만, 교육자들은 모두 교육에는 관심이 없고 권력에만 관심을 쏟는 듯하다.

종교도 큰 차이가 없다. 주교가 되면 추기경이 되고 싶어 하고 추기경이 되면 교황이 되고 싶어 한다. 모두 권력의 사다리 위로만 올라가려고 한다. 그리고 모두가 모두의 다리를 잡아 내린다. 권력의 사다리 위에 있는 사람은 자신의 지위로 올라오려는 사람을 밀어낸다. 권력의 사다리 중간에 있는 사람들도 마찬가지이다. 위에서는 밀쳐내고 아래에서는 다리를 붙잡아 내린다. 사다리의 투쟁 밖으로 나와서 사다리에서 벌어지는 일을 지켜보면 그야말로 가관이다. 이것이 세상 모든 곳에서 벌어지는 일이다.

내가 보기에, 정치란 자신의 우월성을 입증하려는 노력이다. 왜 자신의 우월성을 입증하려고 하는가? 마음속에서 열등감을 느끼기 때문이다. 본능으로 사는 사람은 열등감을 느끼기 마련이다. '그는 열등하기 때문이다.' 이것은 열등감이라는 감정의 문제가 아니라 사실의 문제이다. 본능으로 사는 사람은 열등한 존재이다. 본능으로 사는 삶은 가장 낮은 차원에서 사는 삶이다.

우월함을 입증하기 위한 권력투쟁의 어리석음을 깨닫는 사람은 권력투쟁의 세계에서 빠져나온다. 그는 이렇게 말한다. "나는 나 자신이다. 나는 우월하지도 열등하지도 않다." 옆으로 비켜서서 투쟁의 세계를 지켜볼 수 있는 사람은 '지성과 의식'이라는 두 번째 세상으로 들어간다.

세상 사람들이 사로잡혀 있는 썩은 상황을 깨달아야 한다. 참을성 있게 전체적인 상황을 바라보아야 한다. '무슨 일이 일어나고 있는가? 사다리의 꼭대기에 올라간다 해도 내게 무슨 이득이 있는가?' 사다리의 꼭대기에 홀로 매달려 있으면 바보처럼 보일 것이다. 거기에서는 더는 나아갈 데가 없기 때문이다.

정상에 오른 사람은 이제 내려올 수도 없다. 내려가면 사람들이 비웃을 것이다. "왜 내려왔는가? 권력투쟁에서 패배했는가?" 아래로도 내려갈 수 없고 위로도 올라갈 수 없다. 그래서 하릴없이 하늘에 매달려 인생의 목적을 성취한 양 가장해야 한다. 거기에 올라가 본 사람은 안다, 거기에는 아무것도 없다는 사실을. 거기에 홀로 서 있는 자신의 모습이 바보같이 보인다. 인생을 허비했음을 깨우친다. 사다리의 꼭대기에 도달한 사람은 오지도 가지도 못하는 신세가 되고 만다.

한 나라의 대통령이나 수상이 된 사람들은 어떤 기도를 하는가?

'이 자리에서 죽게 해주옵소서.' 아래로 내려가는 일은 모욕적이요, 위로 올라가는 길은 존재하지 않는다. 죽음만이 오지도 가지도 못하는 신세를 해결해줄 수 있을 따름이다.

인간은 중단 없이 모든 수단을 동원하여 좀 더 높고 특별하고 대단한 존재가 되고자 노력한다. 이 모두는 정치적인 행위다. 내가 보기에, 범용한 사람만이 정치적인 것에 관심을 둔다. 지혜로운 자는 좀 더 의미 있는 것을 찾는다. 지혜로운 자는 추악한 삼류정치 속에서 뒹굴지 않는다. 오직 삼류만이 대통령이 되고 수상이 된다. 지혜로운 자는 오갈 데 없는 황폐한 땅에 신경을 쓰지 않는다.

본능의 차원, 곧 정치의 세계에서는 힘이 정의다. 약육강식의 법칙이 지배하는 세계다. 히틀러와 스탈린, 무솔리니, 나폴레옹, 알렉산더, 티무르(Tamerlane, 1336~1405), 중앙아시아 티무르 제국의 건설자(재위 1369~1405)_역주, 이들은 인간이라기보다는 늑대였다. 우리가 진정으로 인간이길 원한다면 이들의 이름을 인류 역사에서 완전히 지워야 한다. 그들의 존재는 인류에게 악몽이었다. 이제 우리는 그들의 존재를 기억에서 완전히 지워야 한다. 그러나 기이하게도 인류 역사를 보면 이런 사람들뿐이다.

역사란 무엇인가? 인류 역사는 신문 기사처럼 화제가 된 기록일 따름이다. 불쌍한 사람을 도우면 신문에 나지 않는다. 불쌍한 사람을 죽이면 신문에 난다. 이렇게 인류 의식에 상처를 남기고 잔악한 행위를 서슴없이 자행한 자들을 제외한 인류 역사란 무엇인가? 우리는 무엇을 역사라 부르는가? 이렇게 인간의 마음은 쓸데없는 것들뿐이다.

역사는 지성의 꽃들을 언급조차 하지 않는다. 참으로 이상한 일이다. 역사책에서 지성의 꽃을 발견하기란 그야말로 하늘에서 별 따기다. 나는 참다운 창조자들에 대해 자세히 살펴보기 위해 도서관들을 샅샅이 뒤지고 다녔다. 참다운 창조자들이야말로 인류를 위해 초석을 다진 사람들이다. 그러나 우리는 힘의 논리가 주도하는 세상만을 안다.

이보다 높은 차원에서는 '바름'이 힘이다. 인간의 지혜는 이 바름을 찾아간다.

창과 칼을 들고 서로를 죽일 필요가 없다. 힘은 바름을 밝힐 수 없다. 무하마드 알리가 붓다와 복싱을 한다면 당연히 1라운드에서 알리가 이길 것이다. 2라운드까지 갈 필요도 없다. 알리의 한 방이면 붓다는 쓰러질 것이다. 심사위원이 카운트를 하기 전에 붓다가 누워서 카운트를 할 것이다. 그리고 "자, 당신이 이겼소."라고 말해줄 것이다.

그렇다고 힘이 바름을 입증하지 못한다. 본능의 세계나 동물의 세계에서는 힘의 논리가 좌우한다. 그러나 지성은 이 모든 논리를 뒤집는다. '바름이 힘이다.' 이제 지성과 논리, 이성, 토론 등으로 바름을 결정한다.

소크라테스가 법정에서 한 일은 바로 이것이다. 그는 재판관이나 배심원의 질문에 얼마든지 대답할 준비를 하고 있었다. 소크라테스는 이렇게 물었다.

"제가 지은 죄는 무엇입니까? 조목조목 말해주십시오. 그러면 제가 성실히 답해드리겠습니다."

재판관이나 배심원들은 소크라테스와 논쟁을 벌여 이길 수 없음을 잘 알았다. 그러나 사람들은 죄목이 너무나 아리송하기 때문에 혹시 소크라테스가 답변을 제대로 하지 못할지도 모른다고 생각했다. 설령 소크라테스가 제대로 답변한다 해도 배심원들은 그 답변을 믿지 않을 것이었다.

그들이 물은 첫 번째 질문은 이랬다.

"당신이 저지른 가장 심각한 죄목은 우리 젊은이들의 정신을 타락시킨다는 것입니다."

이에 소크라테스가 대답했다.

"맞는 말입니다. 하지만 이것은 죄가 아닙니다. 방금 타락이라고 말씀하셨는데, 나는 이것을 '창조'라고 고쳐 부르고 싶습니다. 사람들의 정신을 타락시킨 것은 제가 아니라 바로 여러분입니다. 나는 그렇게 타락한 젊은이들의 정신을 바로잡으려고 했을 뿐입니다. 만약 여러분이 옳다면 제가 했던 것처럼 학교나 아카데미를 열어 가르치십시오. 그러면 당장 누가 옳은지 알 것입니다."

당시 아테네에서 소크라테스가 학교를 열어 학생들을 가르치자 다른 학교들은 문을 닫아야 했다. 감히 누가 소크라테스와 경쟁 상대가 될 수 있겠는가? 당시 학교를 운영하던 선생들이 모두 소크라테스의 제자가 되었다. 그는 참스승이었다.

소크라테스가 물었다.

"저로 인해 정신이 타락한 젊은이를 제 앞에 데리고 오십시오. 여러분이 말하는 '타락'은 무엇을 말합니까?"

그들이 말했다.

"당신은 신이 존재하지 않는다고 가르쳤죠?"

소크라테스가 대답했다.

"그렇습니다. 신이 존재하지 않기 때문에 신이 존재하지 않는다고 가르쳤습니다. 내가 신의 존재에 대해 할 수 있는 일이란 아무것도 없습니다. 젊은이들의 정신을 타락시키는 사람은 저입니까 아니면 여러분입니까? 저는 진리를 보고 말할 따름입니다. 진리가 젊은이들의 정신을 타락시킬 수 있다고 보는 겁니까?"

이런 논쟁이 몇 날 며칠 계속되었다.

마침내 재판관이 말했다.

"어떻게 한 사람이 여러분 모두의 입을 다물게 할 수 있단 말이오! 더는 논할 필요는 없겠소. 투표합시다."

소크라테스가 의표를 찔렀다.

"투표로는 누가 옳은지 그른지 판단할 수 없습니다. 오히려 대중의 지성은 범용하기 때문에 그른 쪽에 투표할 가능성이 더 큽니다."

옳고 그름의 판단은 지성으로 해야 함을 소크라테스는 보여주고 있다. 과학의 발전은 이와 같은 세계관을 바탕으로 이루어졌다. 소크라테스야말로 과학의 아버지이다. 과학의 세계에서는 "네가 힘이 세니까 네가 옳다."고 말하지 않는다. 과학의 세계에서는 물질적인 힘이 문제가 아니라 정신적인 지성이 문제이다. 과학은 논리와 이성, 연구실의 실험과 경험을 바탕으로 옳고 그름을 따진다.

의식의 두 번째 차원에서 정치는 완전히 다른 것이 된다.

인도는 지난 이천 년 동안 타민족의 지배를 받아왔다. 여기에는 여러 가지 이유가 있겠지만, 가장 본질적이고 근본적인 이유는 인도의 최고 지성인들이 한결같이 본능적인 삼류 정치판에 등을 돌렸다는 점이다. 인도의 지혜로운 자들은 하나같이 정치나 권력에 관심을 두지 않았다. 그들의 관심은 모두 무엇이 진리이고 인생의 의미인지를 아는 데 쏠렸다.

고타마 붓다 시대에는 전 세계적으로 의식의 두 번째 차원이 활짝 꽃피워 절정에 도달했다. 중국에서는 이 시대에 공자와 노자, 맹자, 장자, 열자 등이 나타났다. 인도에서는 고타마 붓다와 마히비라, 막칼리 고살Makhhali Gosal, 아지트 케쉬캄발Ajit Keshkambal, 산자이 빌레티풋타Sanjay Vilethiputta, 고살과 케쉬캄발, 빌레티풋타 등 붓다 시대의 깨달은 스승들_역주등의 거인이 출현했다. 그리스에서는 소크라테스와 플라톤, 아리스토텔레스, 헤라클레이토스(Heracleitos, B.C. 540~480), 불이 만물의 일차적 원소이며 변화가 존재의 본질이라고 본 그리스 철학자_역주, 피

타고라스 등이 인간 지성의 절정에 도달했다. 갑자기 전 세계적으로 지성의 물결이 조수처럼 밀려왔다. 아둔한 자들만이 싸운다. 지혜로운 자들은 옳고 그름의 사리 분별을 통해 문제를 해결한다.

인도에는 철학자가 전국 방방곡곡을 돌아다니며 다른 철학자들에게 당당히 도전하는 전통이 있다. 이들의 도전은 적대적이지 않다. 이를 잘 이해해야 한다. 의식의 두 번째 차원에서는 적이 사라진다. 도전을 하는 양쪽 다 구도자들이다. 그들의 도전은 싸움이 아니라 우호적인 진리 탐구이다. 누구도 상대를 지배하려 들지 않는다. 상대를 지배하는 문제는 그들에게 전혀 중요하지 않다.

샹카라(Shankara, 700~750경), 인도의 고대 경전에 뛰어난 주석서들을 저술하여 불이론(不二論)의 베단타 철학을 확립시켰으며 이후 인도 철학에 지대한 영향을 끼친 인도 철학자이자 신비가_역주는 만단 미쉬라Mandan Mishra하고 토론을 시작하면서 미쉬라의 발을 만지면서 그의 축복을 부탁했다. 적수의 발을 만지다니, 이것은 무엇을 뜻하는가? 상대를 지배하려는 마음이 그들에게는 없었던 것이다. 미쉬라는 노인으로 사람들의 존경을 한 몸에 받고 있었으며 이에 반해 샹카라는 서른 살의 풋내기였다. 만단 미쉬라는 샹카라의 할아버지뻘이었으며, 샹카라의 마음속에는 상대를 지배하고자 하는 마음이 없었기 때문에 미쉬라의 발을 만질 수 있었던 것이다. 샹카라는 미쉬라에게 축복을 부탁했다. '샹카라가 이기는 것이 아니라 진리가 이길 수 있도록.' 진리는 그 누구의 소유물도 아니기 때문에.

예전에는 이런 일이 인도 곳곳에서 빈번하게 발생했다. 오늘날에는 그만한 높이와 깊이를 지닌 지성인들을 찾아볼 수가 없다. 지성이 뛰어난 사람들은 모두 과학자가 된다. 철학은 죽었다. 하지만 예전에는 모든 사람이 철학의 세상에서 살았다.

그들의 토론은 자신의 우월성을 입증하려는 개인적인 싸움이나 다툼이 아니라 진리를 탐구하려는 노력이었다. 이를 잘 이해해야 한다. 모든 문제는 진리의 승리였지 나의 승리가 아니었다. 인도 철학사에는 다음과 같은 유명한 금언이 있다.

"사티아메바 자야테Satyameva jayate (누가 패배한다고 할지라도 진리는 승리해야 한다)."

이것은 열등감에서 나오는 것이 아니라 뛰어난 지성에서 나온다.

이 전통은 중국과 일본으로 전해졌으며 다른 분야로 확산되었다. 일본 유도나 합기도 선수들은 시합에 임하기 전에 존경하는 마음으로 서로에게 고개를 숙여 인사한다. 서로에 대한 적개심은 찾아볼 수 없다. 이것은 유도 등의 무예에서 가르치는 기본 덕목이다. 동양의 무예에서는 적개심을 기르지 않는다. 적개심을 품고 있다면 싸우기도 전에 진 것이다. 그러면 낮은 차원으로 떨어진다.

유도에서는 무예 자체가 높은 사람이 승자다. 시합에서 이기는 것은 사람이 아니라 무예일 따름이다. 철학에서 승자는 진리인 것처럼 유도에서 승자는 무예 그 자체다. 단 한 순간도 자신의 승리에 집착해서는 안 된다. 그러면 그 순간이 곧 패배의 순간이다.

이런 일들이 많이 있었다. 동양 정신을 이해하지 못하는 사람은 이 또한 이해할 수 없으리라. 에고가 없는 두 사람이 싸우면 승패는 갈리지 않는다. 몇 날 며칠이고 둘 사이의 대련이 계속된다. 그들은 서로가 대련할 수 있다는 자체만으로도 영예롭게 생각한다. 그러다가 심판관이 승부를 가를 수 없음을 보고 이렇게 판결한다.

"그만하십시오. 승패를 가를 수 없습니다. 우리 둘에겐 싸우는 '나'가 없습니다."

에고는 허점이다. 에고는 상대에게 노출된 허점이다. 한 생각만 들어와도 끝이다. 유도나 합기도 등의 무예는 약간의 차이만 있을 뿐, 거의 유사하다. 기본은 하나다. 무예를 겨룰 때는 '나'가 없어야 한다는 것이 기본이다. 내가 없으면 어떤 칼도 내 속으로 들어올 수 없다.

두 검사가 싸우는 모습을 보라. 놀랍다!

내가 아는 사람 중에 찬찰 싱Chanchal Singh이라는 친구가 있었다. 그는 일본에서 무술을 배웠다. 그는 무술학교를 열고 이따금 우리에게 무술 시범을 보여주곤 했다.

그가 말했다.

"일본에서는 소리 훈련을 합니다. 나에게 무기가 없는데 누가 칼을 들고 공격하면 기합을 넣어 소리를 냅니다. 그러면 상대의 칼이 떨어집니다."

내가 말했다.

"그거 정말 대단하군요! 내가 아는 사람 중에 씨름꾼이 있는데, 그 사람은 검도는 잘 모르지만 방망이를 칼처럼 잘 씁니다."

그 후 나는 씨름꾼 친구를 만나 찬찰 싱에 대해 이야기했다.

씨름꾼 친구가 말했다.

"문제없어요. 내가 한 방에 끝내겠습니다! 한 방이면 충분합니다."

이 씨름꾼 친구는 정말 강했다. 그가 찬찰 싱을 치러 왔다. 대련이 벌어졌다. 씨름꾼 친구가 손을 들어 치는 순간 찬찰 싱이 기합 소리를 냈다. 그러자 놀랍게도, 씨름꾼 친구의 손에서 막대기가 떨어졌다. 상대가 내는 소리 때문에 그의 손에서 힘이 빠진 것이다!

내가 찬찰 싱에게 물었다.

"어떻게 그런 소리를 낼 수 있습니까?"

찬찰 싱은 이렇게 대답했다.

"이 기합 소리를 배우는 거야 어렵지 않습니다. 소리를 낼 때 '내가 없어야'라고 합니다. 이게 가장 어렵지요. 내가 일본에서 무예를 배울 때 다른 것은 그런대로 할 만했지만 이게 가장 어려웠어요. '내가 없어야 한다.' 다른 사람이 나의 머리를 내리치는 순간이면 분명 내가 거기 있어야 하잖아요. 그런데 그런 순간에도 내가 없이 기합 소리만 나와야 해요. 그러면 순간 상대는 자신이 무엇을 하고 있는지 잊어버립니다. 생각조차 나지 않고 진공 상태가 찾아오지요. 자신이 무엇을 하고 있는지, 무슨 일이 벌어졌는지 자각하지 못합니다. 이 상태에서 자신의 의식을 찾는 데 조금의 시간이 필요하지요. 에고가 없으면 됩니다. 나의 에고가 없으면 상대의 마음을 일시 정지시킬 수 있는 거지요."

그렇지만 쌍방에 에고가 없으면 상황은 간단하지 않다. 일본에서는 기이한 일들이 일상적인 일처럼 일어난다. 내가 상대를 치기 위해 검을 들기도 전에 상대가 방어를 취한다. 내가 자세를 취하기도 전에 상대가 나의 공격을 알아차린다. 그래서 내가 검을 들기도 전에 상대는 방어 자세를 취한다.

이런 일 또한 내가 없어야 가능하다. 내가 없으면 나와 검은 하나가 된다. 내가 나서서 무엇을 하는 것이 아니다. 내가 없는 채로 거기 있으면 일들이 저절로 일어난다. 쌍방에 에고가 없으면 대련은 몇 날 며칠이 갈 것이다. 쌍방 누구도 상처 하나 입지 않는다.

이것은 보통의 본능적인 차원이 아니다. 높은 차원, 두 번째보다 높은 차원으로 간 것이다. 세 번째 직관의 차원으로 간 것이다. 이것은 동양 무예의 세계에서 일어나는 것처럼 똑같이 지성의 세계에서도 일어날 수 있다.

내가 대학 생활에서 좋아했던 교수는 단 두 분이었다. 나는 많은 교수를 난처하게 했으며 그 두 분도 예외는 아니었다. 그렇지만 나는 두 분을 아주 좋아했다. 그중 한 분이 로이Roy 교수였다. 그는 박사논문으로 샹카라와 브래들리(Bradley, Francis Herbert, 1846~1924), 영국 철학자로, 독일 관념론의 영향을 받아 영국 경험론의 전통에 반대했으며, 모든 분석적 방법, 즉 과학적 인식에 의한 실재의 이해가 불충분하다고 보고, 순수한 직접 감정에 의한 절대자 · 전체자의 파악을 철학의 본질로 여겼음_역주를 비교 · 연구한

논문을 썼다. 그분은 이 논문을 출판해, 맨 처음으로 내게 증정했다.

내가 말했다.

"이렇게 하면 안 됩니다. 교수님 같은 분이 저 같은 학생에게 논문의 첫 권을 증정하는 것은 안 되는 일입니다."

그가 말했다.

"내가 보기에는 자네는 그럴 만한 자격이 충분해."

내가 대답했다.

"제가 보기에 교수님의 논문은 빗나갔습니다. 제목부터 잘못되었습니다. 교수님은 샹카라와 브래들리가 분명 차원이 다름에도 불구하고 같은 차원에서 비교했습니다."

분명 브래들리는 지성계의 거성이었다. 그는 20세기 초반 세계 철학계를 주름잡았다. 그는 탁월한 지성인이었지만 샹카라는 지성인이 아니었다.

그래서 내가 교수에게 말했다.

"물론 둘 다 유사한 결론에 도달했습니다. 그래서 교수님이 둘을 비교, 연구하신 거죠. 둘의 결론이 유사하다고 생각하시는 모양인데, 그들이 유사한 결론에 도달하는 데 전혀 다른 길을 밟았다는 사실을 간과하셨습니다. 그래서 저는 교수님의 논조에 반대합니다. 샹카라는 자신의 체험을 통해 그런 결론에 도달했지만, 브래들리는 논리를 통해 도달했습니다. 샹카라는 철학자로서 자신이 내린 결론을 주장하지 않았습니다. 물론 철학적인 내용을 이야기하지만, 이것은 부차적

일 뿐입니다. 샹카라는 진리를 체험했습니다. 그는 이 진리를 표현하기 위해 논리와 이성, 지성을 이용합니다. 하지만 브래들리에게는 체험이 없습니다. 이것은 그 자신도 인정하는 사실입니다. 그는 지적인 추론 과정을 통해 더없이 타당하고 논리정연한 결론에 도달했습니다. 교수님께서 논문에 비교 불가능한 두 사람을 비교, 연구하신 거지요."

다른 시각과 비판이 제기되는 와중에도 본질적인 논점은 끊임없이 떠올랐다. 물론 논리적인 추론 과정을 통해 결론을 끌어낼 수도 있다. 이 결론은 옳을 수도 있고 그를 수도 있다. 우리는 그 결론의 옳음에 100% 확신할 수 없다. 그러나 샹카라에게는 결론이 옳으냐 그르냐가 하등 중요하지 않다. 우리가 그의 결론이 틀렸다고 논리적으로 증명한다 해도 샹카라는 자신의 결론에서 한 발자국도 움직이지 않을 것이다. 그러나 우리가 브래들리의 결론이 틀렸다는 것을 논리적으로 입증하면 그는 자신의 주장을 굽힐 것이다.

내가 계속해서 교수에게 말했다.

"샹카라와 브래들리는 모두 신과 브라흐마Brahma, 브라만교에서 창조를 주재하는 신_역주, 진리는 절대자라고 주장합니다. 둘 사이의 차이는 여기에 있습니다. 결론에 나타난 결점을 발견해 반박하면, 브래들리는 자신의 주장을 바꾸겠지만 샹카라는 웃고 말 것입니다. 샹카라는 이렇게 말할 것입니다. '맞습니다. 내 말이 틀렸습니다. 내 표현이 잘못된 게지요. 당신의 주장이 맞습니다.' 이렇게 말하겠지만 샹카라는 자신의 주장을 굽히지 않을 것입니다. 그의 주장은 체험과 직관의 세계에서 나오는 것이기 때문입니다."

직관의 세계에는 싸움이 존재하지 않는다.

본능의 차원에서 활동하는 정치가는 야생의 동물과 같다. 정치가는 승리를 제외한 어떤 것도 믿지 않는다. 승리를 위해서는 수단과 방법을 가리지 않는다. 수단이 아무리 나쁘다 해도 목적만 성취하면 된다. 히틀러는 그의 자서전에서 이렇게 말했다.

"수단과 방법은 문제가 아니다. 목적만 성취하면 된다. 성공하면 모든 수단은 정당화된다. 실패하면 모든 수단은 그릇된 것이 된다. 설령 거짓말을 한다 해도 성공하면 거짓말은 진리가 된다. 어떤 것을 해도 좋다. 하지만 항상 '성공'을 명심하라. 성공은 모든 수단을 정당화한다. 설령 모든 수단과 방법이 정당했다 하더라도 실패로 끝나면 모든 수단은 부정한 것이 되고 마는 법이다."

둘째 차원에서는 경쟁이 존재한다. 이 경쟁은 인간적인 것이요 지적인 것이다.

그렇다. 둘째 차원에서는 '나는 맞고 너는 틀리다'라는 경쟁이 남아 있다. 하지만 진리가 나보다 중요하다. 더 높은 진리를 위해 내가 패배한다 해도 행복하다. 샹카라가 미쉬라를 이겼을 때 미쉬라는 즉시 일어나서 샹카라에게 절을 올리고 제자로 받아달라고 요청했다. 이런 차원에서는 싸움이 존재하지 않는다. 이것은 드높은 지혜의 세계이다.

하지만 거기에는 아직도 진리의 이름으로 포장된 정치적인 것이 숨어있다. 자신이 진리를 알았다면 이를 누리면 그뿐이지, 상대를 꺾어야 하는 이유는 어디에 있는가? 무엇을 하러 전국 방방곡곡을 찾아다니며 사람들을 꺾어야 하는가? 만약 그대가 진리를 알았다면 사람들이 그대를 찾아올 것이다. 샹카라의 도전에는 아직도 미묘한 정치적인 마음이 남아 있다. 그것이 아무리 종교적이고 철학적이라 해도 정치는 정치다.

직관이 그 기능을 하는 세 번째 차원에서 싸움은 사라진다. 붓다는 그 누구도 꺾으려 하지 않았으며 마하비라나 노자도 마찬가지였다. 대신에 사람들이 그들을 찾았다. 목마른 자들이 그들을 찾아왔다. 그들은 지적인 토론을 하자고 도전해오는 사람들에게도 관심을 보이지 않았다.

많은 사람이 찾아왔다. 사리풋타와 목갈라야나, 마하카샤파이들 모두는 붓다의 제자들로, 사리붓타(Sariputta)는 사리자를, 목갈라야나(Maudgalyayana)는 목건련을, 마하카샤파(Mahakashyapa)는 마하가섭을 가리킴_역주 등이 붓다를 찾아왔다. 이들을 모두 몇천 명의 제자를 거느린 명성 높은 철학자들로 붓다에게 도전하기 위해 찾아왔다.

붓다는 평생 이렇게 말했다.

"그대가 진리를 안다면 좋은 일이다. 그대가 이겼다고 해도 좋다. 하지만 그대는 진리를 아는가? 나는 안다. 나는 누구에게 도전해야 할 필요성을 느끼지 못한다. 세상에는 아는 자와 모르는 자, 두 종류의 인간이 존재한다. 모르는 자, 내가 어떻게 이 불쌍한 사람에게 도전할 수 있겠는가? 그건 생각할 수 없다. 아는 자, 내가 어떻게 이 풍요로운 사람에게 도전을 할 수 있겠는가? 이것 또한 생각할 수 없는 일이다."

붓다가 사리풋타에게 말했다.

"그대가 안다면 나는 좋다. 진리를 아는가? 나는 지금 도전하는 것이 아니라 묻고 있다. 그대는 누구인가? 그대 자신을 모른다면 나에게 도전하겠다는 생각을 버려라. 나와 함께 있으라. 도전이나 토론, 표현이 아니다. 진리는 어느 날, 어느 순간 갑자기 찾아올 것이다."

붓다를 찾아온 이들은 참으로 진솔했다. 사리풋타가 절을 하고 말했다.

"감히 도전하겠다고 생각한 저를 용서하십시오. 저는 모릅니다. 저는 수많은 철학자를 물리친 뛰어난 변사辯士이지만 선생님은 철학자가 아니시군요. 선생님의 제자가 되어 새로운 시각으로 삶을 바라보아야 할 때가 찾아온 것 같습니다. 어떻게 하면 좋겠습니까?"

붓다가 일렀다.

"2년 동안 침묵하라."

붓다를 찾아오는 도전자마다 이런 과정을 거쳐야 했다.

"먼저 2년 동안 침묵하라. 그렇게 하면 2년 뒤에 무슨 질문을 해도 다 대답해주겠다."

2년의 침묵은 충분하고도 넉넉했다. 2년이 지나자 도전하러 왔던 사람들은 모든 것을 잊었다. 심지어 자신의 이름도, 도전과 승리도 다 잊었다. 그들은 붓다의 향기를 맡고 진리를 맛보았던 것이다.

그러므로 직관의 차원에서는 정치가 존재하지 않는다.

더 나은 세상에서는 직관의 사람들이 지적인 사람들을 인도하는 빛이 될 것이다. 교수나, 식자층, 이론가 등의 지적인 정치가들은 본능적인 정치가들을 인도할 것이다. 이렇게 해야만 이 세상은 평화로운 세상이 될 수 있다.

두 번째 차원을 통과하여 세 번째 차원으로 상승해야 한다. 그렇게 하여 세 번째에서 빛이 나오고 세계를 이해할 수 있게 된다. 두 번째 차원은 다리의 역할을 하는 것이다. 고대 인도에서도 그랬다.

직관의 사람은 숲이나 산에서 살았다. 교수나 학자, 정치가 등의 지식인들은 문제를 들고 직관의 사람을 찾았다.

"저희는 눈먼 사람들입니다."

한번은 붓다가 강변에서 야영을 했다. 그 강의 양쪽에는 두 나라의 군인들이 서 있었다. 그 강을 경계로 두 왕국이 대치하고 있었던 것이다. 당시에는 물이 귀중했기 때문에 두 왕국은 강물을 두고 오랜 세월 맞서고 있었다. 여러 번 전쟁이 일어나고 강물이 피로 물든 것이 한두 번이 아니었지만 대치 상황은 계속되었다. 그런데 두 나라의 장수가 같은 시각에 붓다를 찾아왔다. 기이하게도 우연한 마주침에 두 장수는 적이 놀랐다.

붓다가 말했다.

"두려워하지 마시오. 둘이 여기서 이렇게 만났으니 오히려 잘된 일이오. 양쪽 모두 눈이 밝은 것 같지 않소. 조상들도 마찬가지요. 왜 흐르는 강물을 놓고 그렇게 서로를 죽이는 것이오? 그 정도 강물이면 양쪽이 넉넉하게 쓸 수 있지 않소. 강물을 내 것으로만 만들겠다는 생각은 어리석소. 사이좋게 나누어 쓰면 좋지 않소. 한 나라가 강물의 이쪽을 쓰면 다른 나라는 강물의 다른 쪽을 쓰면 될 게 아니오. 강물에는 선을 그을 수 없는 일, 그러니 강물 중간에 경계선을 그을 필요도 없소. 싸우지 말고, 사이좋게 사용하시오."

이것은 사실 아주 간단한 문제였다. 서로 싸우느라 정신이 없어서, 논과 밭에서 농작물이 죽어가고 있었다. 그들에게는 '강물은 누구의 것인가?'를 싸워서 정하는 일이 먼저였다. 먼저 강물을 자기 것으로 만든 다음에야 논과 밭에 물을 댈 수 있다고 생각했던 것이다.

어리석은 자는 '누구의 소유냐?'만을 생각하고 지혜로운 자는 '어떻게 하면 쓸모 있게 이용하느냐?'를 생각한다.

붓다가 잘라 말했다.

"서로 이용하시오. 물을 다 쓰고 없어지면 그때 다시 오도록 하시오. 물이 없다면 큰일이니, 그때 서로 머리를 맞대고 의논해봅시다."

2500년이 흐른 지금까지도 그 강물은 잘 흐르고 있다. 어떻게 강물을 다 쓸 수 있단 말인가? 수천 킬로미터가 되는 기다란 강이다. 그 강물은 히말라야의 만년설에서 나와 벵골만으로 흘러든다. 이런 강물을 어떻게 다 쓸 수 있겠는가? 두 나라는 자그마한 왕국이었다. 설령 그들이 강물을 다 쓰고 싶어도 쓸 수가 없었다.

통찰은 직관의 사람에게서 나온다. 이 통찰의 세계는 지성이 있는 사람만이 이해할 수 있다. 본능에 좌우되는 정치가들을 도울 수 있는 사람도 지성이 있는 사람이다.

나는 이것을 엘리트 정치라고 부른다. 능력과 지혜가 있는 엘리트가 사회를 이끌어가며 하위 계층의 사람들을 도와 위로 상승시킨다. 엘리트 계층은 결코 기득권을 행사하지 않는다. 그들은 기득권으로부터 자유로우며 사물을 꿰뚫어 보는 밝은 눈을 가지고 있다. 직관의 사람이 본능의 사람에게 이야기하는 것은 상당히 어려울 것이다. 직관의 세계와 본능의 세계는 연결고리가 없는, 전혀 다른 차원이기 때문이다. 이 둘 사이에 지성의 사람이 필요하다. 지성의 사람은 둘을 연결하는 중요한 역할을 할 수 있다.

학교나 대학교에서 정치학만을 가르쳐서는 안 된다. 정치학뿐 아니라 정치 기술도 가르쳐야 한다. 학문만으로는 아무것도 되지 않는다. 실제 정치의 기술이 더욱 중요하다. 대학교수들은 학생들에게 정치 기술뿐 아니라 자질까지 함양시켜야 한다. 그렇게 되면 작금의 정치인들은 이 땅에서 사라지고 높은 수준의 교양과 자질을 갖춘 학생들이 정계나 학계에 들어갈 것이다. 이렇게 하면 우리는 직관의 사람들이 이 땅을 다스리는, 엘리트 정치의 최고 수준에 도달할 수 있다. 그리하여 인간의 품성과 품위를 지닌 정치를 탄생시킬 수 있으며, 그런 정치는 개인의 자유와 인간성을 최대한 보장할 것이다.

이런 일들이 실현되면 이 땅에 최초로 참다운 민주주의가 태어날 것이다. 현재의 민주주의는 참민주주의가 아니다. 우민정치일 따름이다.

방편들

지혜는 가슴에서 나오지, 머리에서 나오지 않는다. 지혜는 존재의 가장 깊은 곳에서 나오지, 지식에서 나오지 않는다. 존재를 따르라. 신뢰하라. 존재가 인도하는 곳으로 흘러가라. 설령 그것이 나를 위험으로 인도한다 해도 그것은 나의 성장을 위한 길이 될 것이다.

산문으로 생각하는 마음을 놓아라. 서로 생각하는 마음을
부활하라. 논리의 기술을 놓고 노래의 길을 가라. 가슴이
신비에 더 가깝다. 그러므로 지성에서 직관으로 머리에서
가슴으로 나아가라.

산문으로 생각하는 마음을 놓아라. 서로 생각하는 마음을
부활하라. 논리의 기술을 놓고 노래의 길을 가라. 가슴이
신비에 더 가깝다. 그러므로 지성에서 직관으로 머리에서
가슴으로 나아가라.

양파를 벗겨라

인간의 존재는 단순·명쾌하지만 인성人性은 복잡하다. 인성은 양파 껍질과 같다. 인성에는 불순과 조건화 등이 층층이 쌓여 있다. 이 층들 뒤에 인간의 단순한 존재가 숨어있다. 수많은 껍질이 인간의 존재를 둘러싸고 있어 겉에서는 그 존재가 보이지 않는다. 자신을 둘러싸고 있는 층들로 인해 인간은 세계를 바로 보지 못한다. 사물이 나의 존재에 닿기 전에 층들로 인해 불순해지기 때문이다.

아무것도 있는 그대로 전해지지 않는다. 인간은 끊임없이 대상을 놓친다. 나와 대상 사이에 너무나 많은 해석가가 존재한다. 사물을 볼 때도 그렇다. 눈이 사물을 보면 눈과 눈의 감각은 사물을 잘못 받아들인다. 그리고 사상과 종교의 색안경이 그릇 해석한다. 다음으로 자신의 감정이 그릇 해석한다. 계속 이런 식이다. 대상이 나에게 도달했을 때는 원래 사물의 모습은 남아 있지 않다. 여러 껍질이 제대로 해석해야 대상을 바르게 볼 수 있지만 그런 경우는 거의 없다.

과학자들은 인간이 실재하는 것의 2%만 본다고 말한다. 겨우 2%만! 인간은 98%의 실재를 보지 못한다. 그대는 내가 말하는 것의 98%는 놓치고 단지 2%만 듣고 있다. 2%만을 듣는다는 것은 전부를 듣지 못하는 것과 매한가지이다. 이것은 소설책을 읽으면서 겨우 두 페이지만을 읽고 전체 내용을 자기 마음대로 짜 맞추는 것일 뿐이다. 이렇게 해서는 소설의 내용을 알 수 없다. 두 페이지를 통해 소설의 전체 내용을 재구성하는 것은 소설의 내용을 이해하는 것이 아니라 자기 스스로 소설을 짓는 행위이다. 이것은 진리의 발견이 아니라 상상일 뿐이다.

마음은 놓친 부분을 끼워 맞추려 한다. 마음은 두 가지를 듣고 그 관계를 이해하지 못하면 상상을 통해서 끼워 맞춘다. 둘 사이의 상관관계를 찾지 못하면 스스로 지어낸다. 이렇게 인간의 마음은 상상을 통해 없는 세계를 지어낸다.

구제프(Gurjieff, 1872~1949), 그리스계 아르메니아인으로, 인도와 티베트 등을 여행하면서 동양의 신비주의를 배웠으며, 서양에 소개했음_역주는 이와 같은 마음의 껍질을 '완충장치'라 부르곤 했다. 완충장치는 인간이 실재를 보지 못하게 한다. 완충장치는 인간의 거짓과 꿈을 보호하고 투사하는 마음을 보호한다. 완충장치는 인간이 실재를 볼 수 없도록 만든다. 인간이 실재를 보면 완충장치는 파괴되기 때문이다. 인간은 거짓으로 삶을 산다.

니체는 이렇게 말했다고 한다.

"인간에게서 거짓을 빼앗지 마라. 거짓을 빼앗으면 인간은 살 수 없다. 허구도 빼앗지 말고 신화도 빼앗지 마라. 진리를 말하지 마라. 인간은 진리를 보면 살지 못한다."

니체의 말은 99.9%의 사람들에게 맞다. 거짓으로 사는 삶은 어떤 삶인가? 그것은 거짓된 삶이다. 거짓으로 얻은 행복은 어떤 행복인가? 그런 행복은 존재하지 않는다. 그러므로 인간은 불행하다. 진리를 통해서는 더없는 행복이 내려온다. 거짓을 통해 불행만이 내려온다. 그런데도 인간은 계속해서 거짓을 보호한다.

거짓은 인간에게 편안함을 가져다주지만, 진리와 더없는 행복과 존재계를 보지 못 하게 한다.

인간은 양파와 같다. 우리는 양파에서 진리에 이르는 길을 찾을 수 있다. 끊임없이 껍질을 벗겨나가다 중심에 도달하는 길이 그것이다.

첫째 층은 불순해진 육체 감각으로 되어 있다. 현재 자신의 육체적인 감각이 순전하다고 한순간도 생각하지 말지어다! 인간의 육체적인 감각은 끊임없는 훈련을 받아 작용한다. 인간은 사회가 주입한 대로 본다. 사회가 가르친 대로만 듣는다. 사회가 허용하는 대로만 사물을 느낀다.

인간은 대부분의 감각기능을 상실했다. 후각 기능을 살펴보자. 인간은 후각 기능을 거의 상실했다. 개의 후각 기능을 보라. 개의 후각 기능은 대단히 민감하게 작용한다. 거기에 비하면 사람의 후각 기능은 보잘것없다. 왜 그렇게 되었는가? 왜 인간은 개나 말처럼 냄새를 맡을 수 없는가? 말은 몇 킬로미터 떨어진 곳의 냄새까지 맡을 수 있다. 냄새에 대한 개의 기억은 정말 대단한 데가 있다. 인간에게는 그런 능력이 없다. 무엇인가 후각 기능을 차단하고 있다.

마음의 충들을 깊이 들여다본 사람들은 후각 기능의 상실이 성의 억압 때문이라고 말한다. 육체적으로 보면 인간 또한 다른 동물들처럼 민감하다. 문제는 인간의 심리에 있다. 심리적으로 인간의 코가 불순해진 것이다. 후각은 인간의 몸으로 통하는 성적性的인 문이다. 동물은 후각을 통해 교미 대상을 찾는다. 미묘한 냄새를 통해 상대를 파악한다. 교미의 시기가 찾아오면 암컷은 어떤 냄새를 발산한다. 수컷은 냄새를 통해 암컷의 발정을 알아차린다. 발정의 냄새를 맡지 못하면 수컷은 암컷에게서 달아난다.

인간의 후각 기능이 자연의 상태로 남아 있으면 문화적인 사회를 만들기 어려우므로 인간은 후각 기능을 파괴했다. 어떤 남자가 길을 걷고 있는데, 한 여성이 냄새를 풍긴다. 받아들임의 표시로. 그녀는 지금 남편과 함께 있다. 여자에게서 받아들인다는 냄새가 풍겨온다. 그러면 남자는 어떻게 해야 하는가? 후각 기능이 자연 상태로 열려 있다면 말이다. 어떤 남자가 아내와 함께 걷고 있다. 그의 아내에게서는 아무런 냄새가 나지 않는다. 갑자기 다른 남자가 옆을 지나가는데 그의 아내가 자기도 모르게 냄새를 발산한다. 그러면 남자는 아내가 자신에게는 관심이 없고 다른 남자에게 성적인 관심을 보내는 것을 알게 된다. 이러면 야단날 것이다.

인간은 오랜 세월에 걸쳐 후각 기능을 완전히 파괴했다. 문명사회일수록 몸에서 나는 체취를 제거하기 위해 많은 시간을 할애한다. 이것은 결코 우연이 아니다. 개화된 나라일수록 탈취제 등을 사용해 체취를 제거하는 데 심혈을 기울인다. 진한 향수로 체취를 덮어버린다. 이것은 있는 그대로의 진실한 모습을 감추는 위장이요 가장이다. 체취는 대단히 성적이기 때문에 인간은 후각 기능을 완전히 말살했다.

우리가 쓰는 언어에서조차 후각에 대한 차별이 존재한다. 시각과 청각 등은 각기 독립된 기능으로 문제가 없지만, 후각은 그렇지 않다. '냄새난다'라는 말이 그렇다. 인간은 언어에서조차 후각을 억압한다.

다른 감각의 경우도 큰 차이가 없다. 사람들은 상대를 볼 때 눈을 보지 않는다. 본다고 해도 단 몇 초뿐이다. 이것은 상대를 진정으로 보지 않고 피하는 것이다. 진짜로 보면 무례한 행동이 된다. 그러므로 주의할 일이다. 우리는 진정으로 사람들을 보는가, 아니면 우리는 상대의 눈을 피하기만 하는가? 그 이유는 내가 상대의 눈을 피하지 않으면 상대가 보이고 싶어 하지 않는 부분들을 볼 수 있기 때문이리라. 상대가 남에게 보이고 싶어 하지 않는 것을 보려고 하는 것보다는 피하는 것이 우리네 예절이다.

우리는 보통 상대의 말을 들을 뿐, 상대의 얼굴을 제대로 보지 않는다. 종종 말과 얼굴의 표현이 다르기 때문이다. 그래서 우리는 눈과 얼굴, 몸짓을 보는 법을 완전히 상실했다고 해도 과언이 아니다. 우리는 상대의 말만 듣는다. 사람들이 말하는 모습을 지켜보라. 우리의 언어는 이것을 말하지만, 모습은 저것을 말한다. 이것을 알아보는 사람은 거의 없다. 모두 상대의 얼굴을 똑바로 보지 말라는 교육을 받았기 때문이다. 설령 보려고 노력한다고 해도 주의하여, 깨어서 보지 못한다. 멍한 상태로 바라본다.

우리는 소리를 선택적으로 듣는다. 모든 소리를 다 듣는 것이 아니다. 쓸모 있고 유용한 것만을 골라 듣는다. 사회마다 국가마다 가치관이 다르다. 밀림의 원시사회에서 사는 사람은 소리에 대한 감수성이 다르다. 원시인은 끊임없이 동물의 소리에 대해 깨어 있어야 한다. 그렇지 않으면 당장 목숨이 위태로울 수 있기 때문이다. 문명사회에 사는 사람은 그럴 필요가 없다. 원시사회에 존재하는 위험 요소가 문명사회에는 존재하지 않기 때문이다. 그래서 사람들의 청각 기능은 원시인처럼 뛰어나지 않다.

토끼나 사슴을 보라. 그들이 얼마나 주의 깊고 민감한지. 아주 작은 소리, 심지어 낙엽이 바람에 흩날릴 때조차 사슴은 귀를 쫑긋한다. 아마 이를 주의하여 바라본 사람은 별로 없을 것이다. 아름다운 노래, 대단한 음악들이 넘쳐흘러도 우리는 이 음들을 다 듣지 못한다. 자연은 아름다운 소리를 내지만 이를 듣기 위해서는 우리의 귀와 눈과 촉각이 깨어 있어야 한다.

이렇게 첫째 층은 불순해진 감각으로 되어 있다. 우리는 자신이 원하는 것만을 볼 뿐이다. 신체 메커니즘 전체가 오염되어 있다. 그리하여 우리의 신체는 딱딱하게 굳어졌다. 우리는 얼어붙은 상태에서 산다. 딱딱하게 굳은 상태에서 우리 존재의 문은 닫혀있다. 우리는 삶을 두려워한 나머지 삶이 주는 모든 가능성을 죽이고 말았다.

사람들은 서로를 터치하거나 손을 잡거나 안을 줄 모른다. 서로의 손을 잡을 때도 당혹스러워한다. 서로를 안을 때도 기꺼이 안지 못하며 가능한 한 빨리 떨어지려고 서둔다. 상대의 따뜻한 온기가 나의 얼어붙은 문을 열어젖힐지 모르기 때문이다. 부모는 아이들이 커가기 시작하면 안아주지 않는다. 거기에는 깊은 두려움이 숨어있다. 근본적으로, 모든 두려움은 성에 대한 두려움에서 시작한다. 성에 대한 터부 때문이다. 어머니는 성적으로 흥분할까 봐 아들을 안지 못한다. 아버지 역시 흥분할까 봐 딸을 안지 못한다. 그러나 육체적인 감각이 깨어나는 현상에는 아무런 문제가 없다. 그것은 자신이 펄펄 살아있음을 보여준다. 하지만 성에 대한 두려움과 사회적 터부는 이를 금기시한다. "떨어져라. 위험하다!"

인간의 감각은 모두 불순해졌다. 인간은 자연스럽게 살지 못했다. 그래서 인간의 품위와 순수, 기품, 아름다움을 상실했다. 이런 상태가 곧 첫째 층이다.

이와 같은 모든 억압으로 인해 인간의 몸은 오르가슴을 알지 못한다. 기쁨도 느끼지 못한다. 이런 현상은 남녀 모두에게 같은 방식으로 일어났지만, 남성의 불순함이 여성보다 깊다. 남성은 지나칠 정도로 완벽주의자이기 때문이다. 남자는 한 생각이 떠오르면 이를 극단까지 밀고 간다. 하지만 여성은 더 현실적이고 세속적이고 직관적이며 균형 잡혀 있다. 남성처럼 지적인 것이나 완벽주의를 추구하지 않는다. 여성은 극단으로 치우치는 일이 없다. 남성처럼 정신이 이상해지지도 않는다. 그래서 여성에게는 아직도 그 기품과 우아, 존재의 원만함, 시를 찾아볼 수 있다. 그러나 남녀 모두 사회에 의해 더럽혀지고 딱딱해졌다. 남자가 더 심하고 여자는 덜 심하지만, 거기에는 정도의 차이만 있을 뿐이다.

이 첫 번째 층으로 인해 나에게 들어오는 모든 것은 이 필터Filter, 여과기라는 뜻으로, 외부의 감각 대상이 이 필터(오염된 감각기관)를 통과하면서 왜곡된다는 뜻_역주를 통과해야 한다. 이 필터는 외부에서 들어오는 것을 모두 해석하고 조작하고 새로운 색깔을 입혀 전혀 새로운 대상으로 만든다. 진실이 왜곡되는 것이다. 이 필터를 없애는 것이 요가의 노력이다. 자신의 몸을 다시 민감하고 생생하게 살아있게 하는 것이 요가요, 감각의 기능을 극대화하는 것이 요가다. 이 요가의 경지를 체험할 때 터부가 사라지고 눈이 밝아지고 아름다움과 기품이 흘러나온다. 따뜻함이 우러나오고 마음의 문이 열리며 성장하기 시작한다. 항상 젊고 새로우며 모험의 세상을 산다. 몸은 기쁨으로 충만하다. 황홀한 기운이 감싼다.

기쁨이 내려오면 불순한 첫 번째 층이 사라진다. 그래서 나는 기뻐함, 삶을 누림, 몸을 받아들임 등을 역설한다. 몸을 받아들일 뿐 아니라, 나아가서 존재계가 그토록 아름다운 몸을 주었음에 감사하라. 민감한 몸에는 진리로 열린 수많은 문이 존재한다. 눈, 귀, 코, 촉각 등이 그들이다. 모든 문들을 열고 생명의 바람과 태양이 들어오게 하라. 민감성의 기술을 배우라. 몸을 더욱 민감하게 할 수 있는 모든 방법을 사용하라. 그래야 첫 번째 필터가 떨어져 나간다.

잔디 위에 앉을 때는 잔디를 뜯지 말라. 나는 사람들을 만나는 행사를 잔디 위에서 하곤 했는데, 이제는 이를 중지해야 할 모양이다. 사람들이 계속해서 잔디를 해치고 무의식적으로 뜯기 때문이다. 이 또한 일종의 폭력이다. 무의식적으로 풀을 뜯는 그들은 자신이 무엇을 하는지 모른다. 잔디를 보호하자는 말을 항상 듣지만 뒤돌아서면 잊어버린다. 마음이 떠 있어서 자신이 무엇을 하는지도 의식하지 못한다. 차분하지 못한 마음은 끊임없이 무엇인가를 해야 한다. 그래서 잔디를 무의식적으로 뜯는다.

잔디 위에 앉을 때는 두 눈을 감고 잔디가 되어보라. 자신이 잔디가 되었다고 느껴보라. 잔디의 푸름과 풀잎 위의 물기를 세밀하게 느껴보라. 풀잎에서 전해져오는 미묘한 냄새를 느껴보라. 풀잎 위의 이슬방울을 느껴보고 잔디가 내 위에 있다고 느껴보라. 풀잎 위의 반짝이는 햇빛을 느껴보라. 잠시 나를 모두 잊고 잔디가 되어라. 그러면 몸의 감각들이 새롭게 깨어날 것이다. 자연 속에 있을 때마다 이렇게 명상하라. 강물 속에서, 수영장 안에서, 햇빛을 내리는 해변에 누워, 밤에 달을 보며 해보라. 백사장에 있을 때는 모래 위에 눈을 감고 모래를 느낀다. 몸의 감각을 일깨울 수 있는 방법은 수없이 많다. 문제는 자신이 스스로 해야 한다는 것이다. 사회가 몸의 감각을 더럽히는 일을 했다면 이를 회복하는 일을 할 수 있는 사람은 자신뿐이다.

참으로 듣고 보고 만지고 냄새를 맡으면 진리의 향기를 맡을 수 있다.

조건화

둘째 층은 사회적, 종교적, 사상적 조건화와 신앙이다. 인간은 신앙으로 인해 서로 소통할 수 없는 존재가 된다. 내가 이슬람이 되고 그대가 힌두가 되면 우리 사이에는 소통의 다리가 존재하지 않는다. 나도 인간이고 그대도 인간이면 우리는 서로 소통할 수 있다. 하지만 내가 파시스트고 그대가 공산주의자면 소통의 가능성은 사라진다. 신앙은 모두 소통의 가능성을 파괴한다. 삶은 소통일 뿐이다. 삶은 나무와의 소통이요 강과의 소통이며 태양, 달, 사람, 동물 등과의 소통이다. 삶은 소통이다.

신앙의 짐을 진 사람은 소통하지 못한다. 그에게는 상대와 소통할 수 있는 길이 존재하지 않는다. 그의 존재는 너무나 많은 사상과 이론으로 가득하다. 그리고 그것들을 절대적 진리로 믿는다. 그는 상대의 말을 들을 때 공손한 듯이 보이지만 이것은 예의일 뿐이다. 옳고 그름은 상대의 말을 듣기 전에 이미 정해져 있다. 상대의 말이 끝나기만을 기다렸다가 준비된 반박을 시작한다. 물론 거기에는 토론과 논의가 있는 듯 보이지만 이것은 진정한 대화가 아니다. 두 신앙체계 사이에서 대화는 가능하지 않다. 믿음은 사랑을 파괴하고 인류애를 파괴하며 깊은 교감을 파괴한다.

삶을 참으로 듣고 보고 싶다면 모든 믿음 체계를 내려놓아야 한다. 힌두교도나 이슬람교인, 기독교인이 되어서는 안 된다. 이런 종교인이 되어서는 아무것도 할 수 없다. 믿음을 내려놓고 밝은 눈으로 사리를 볼 수 있어야 한다. 자신의 믿음 체계에 갇히면 나는 상대를 느낄수 없으며 상대 또한 나를 느낄 수 없다.

인간은 창문 없는 집에서 산다. 물론 서로 가까이 다가가고 때론 서로 부딪히기도 하지만 서로 만나는 법이 없다. 물론 때로 서로를 터치하지만 만나는 법은 없다. 서로 말을 하지만 소통은 일어나지 않는다. 모든 사람은 조건화라는 감옥에 갇혀 산다. 어디를 가나 감옥이다. 이 감옥에서 나와야 한다.

믿음은 독선을 낳고 두려움을 낳는다. 그로 말미암아 탐험 정신이 죽는다. 탐험을 하다가 자신의 믿음에 반하는 것을 만나면 어떻게 한단 말인가? 자신의 신앙 전체가 흔들릴 수도 있다. 그러므로 탐험 같은 것은 하지 말고, 어둡고 답답한 세계에 갇혀 사는 것이 낫다.

사람은 믿음으로 인해 안다고 착각한다. 사실은 아무것도 모르면서 말이다. 신에 대해 아무것도 모르면서 신을 아는 것처럼 맹목적으로 믿는다. 진리에 대해 전혀 모르면서 진리에 관한 이론을 맹목적으로 믿는다. 이런 착각은 사실 대단히 위험하다. 이것은 일종의 최면상태다.

남자와 여자는 모두 조건화되어 있다. 각기 그 방식만 다를 뿐이다. 남자는 보다 공격적이고 경쟁적이고 자기중심적으로 조건화되었다. 반면에 여자는 노예가 되는 교육을 받았다. 가정이라는 아주 작은 세계에 갇혀 무조건 복종하도록 길들여졌다. 그리고 여자들은 인생을 송두리째 빼앗겼다. 이들이 믿음 체계가 되어 뿌리를 내리면 여자는 할 수 없이 이를 받아들이고 그 세계에 갇혀 산다. 남자 역시 교육받은 믿음 체계를 받아들이고 그 안에 갇혀 산다.

남자는 울면 안 된다고, 그것은 여자나 하는 짓이라고 교육을 받는다. 이 얼마나 어리석은 일인가? 가끔 울고 눈물을 흘리면 상처받은 마음이 치유된다. 울음은 필요하다, 꼭 필요하다. 삶의 무게를 가볍게 한다. 남자는 자꾸만 더 많은 삶의 무게를 짊어진다. 남자답지 못한 것이어서 울고 싶을 때 제대로 울지 못하기 때문이다. 여자는 울고 눈물을 흘리라는 교육을 받는다. 그것이 여자답다는 것이다. 그래서 여자는 울 필요가 없을 때조차도 울고불고한다. 이 역시 하나의 믿음 체계다. 사람들은 이 믿음 체계를 정치적인 수단으로 이용한다. 여자는 말로 남편을 이길 수 없다고 생각하면 운다. 우는 아내 앞에서 남편은 질 수밖에 없다. 한편 남자는 울지 못한다. 이것은 정신적인 타락이다. 여자는 잘 운다. 여자는 상대를 지배하기 위한 수단으로 운다. 울음이 정치적으로 변한 것이다. 정치적인 눈물에는 아름다움이 없다. 추하다.

둘째 층인 조건화를 제거하는 일은 대단히 어렵다. 조건화의 층은 대단히 복잡하기 때문이다. 인간의 마음에는 정치사상, 종교사상 등 수많은 것들이 뒤범벅되어 있기 때문이다. 사상이나 관념 등은 인간의 일부가 되었다. 그래서 인간은 그와 같은 사상이나 관념이 자신이라고 믿는다. "나는 힌두교인이다."라는 말은 "나는 힌두교를 믿는다."가 아니다. "나는 힌두교인이다."는 곧 "나는 힌두교이다."이다. 힌두교가 위기를 맞으면 내가 위기를 맞고 있다고 생각한다. 다른 사람들이 힌두교 신전을 파괴하면 내가 위기에 처했다고 믿는다. 이슬람교인은 이슬람 신전이 불타면 자신이 위기에 놓여있다고 믿는다.

인간은 이런 믿음 체계를 버려야 한다. 믿음 체계를 버리면 탐험 정신이 떠오르고 순수성이 떠오른다. 신비와 경외, 경이의 세계가 펼쳐진다. 이제 삶은 이미 알고 있는 것이 아니라 모험의 대상이 된다. 삶은 너무나 신비해서 그 탐험에는 끝이 존재하지 않는다. 그 어떤 믿음도 만들지 않고 미지의 세계를 걸어간다. 수피Sufi, 이슬람 신비주의자. 8세기 이후 이슬람교가 수니파와 시아파로 분열된 후 시아파 속에 처음 나타났으며, 수피의 특징은 일종의 도취상태에서 지상(至上)의 경지를 감득하고 신과

도 불교의 선禪도 미지의 경지를 가르친다.

　언제나 미지의 상태에서 살라. 설령 어떤 것을 깨닫는다고 해도 이를 믿음으로 삼지 말라. 끊임없이 내려놓으라. 쉼 없이 버려라. 계속해서 떼어내라. 그렇지 않으면 안다고 생각했던 것들이 자신의 몸에 붙어 단단한 껍질이 되고 삶을 느낄 수 없게 된다.

　항상 어린아이처럼 살라. 그러면 소통이 일어나고 대화가 가능해진다. 미지의 상태에서 사는 두 사람이 이야기하면, 거기에서 진정한 만남, 진정한 교감이 일어난다. 거기에서는 숨기는 일이 없다. 나는 미지의 상태에서 산다. 그대도 미지의 상태에서 살면 나를 이해할 수 있다. 자신의 믿음 체계를 놓고 나와 함께 있으면 교감이 일어난다. 그렇지 않고 믿음 체계를 움켜쥐고 있으면 이것은 진리로 가는 길을 끊임없이 방해한다.

논리

셋째 필터, 셋째 층은 가짜 논리와 합리, 변론과 변명이다. 이 모든 것은 밖에서 빌려온 것이다. 단 하나도 자신의 체험이 아니다. 그런데도 사람들은 논리에서 만족을 찾고 자신이 이성적인 사람이라고 믿는다.

꾸어온 이론과 논리를 배워서는 이성적인 사람이 될 수 없다. 지성을 알 때만 참다운 이성을 알 수 있다. 이를 유념해야 한다. 지식인과 지성인 사이에는 커다란 차이가 있다. 지식인은 가짜 논리 뒤에 숨어 있다. 그의 논리는 그럴듯해 보이지만 참다운 논리가 아니다. 그의 논리는 논리처럼 보이는 가짜이다.

이런 이야기를 들은 적이 있다.

한 사람이 물에 빠져 허우적거리고 있었다.
"살려주세요! 나는 수영을 못해요."
그러자 강둑에 앉아 담배를 피우던 노인이 말했다.
"나도 수영을 못합니다. 그렇다고 그렇게 소리까지 치지는 않아요."

논리적으로 보면 맞는 말이다. "수영을 하지 못하는 게 뭐 자랑이라고 그렇게 소리를 지릅니까? 당신도 수영을 하지 못하고 나도 그렇고. 그러니 조용히 하시오." 그러나 한 사람은 강물에 빠져있고 다른 한 사람은 강둑에 앉아 있다. 둘 사이의 상황은 전혀 다르다.

붓다가 이것을 말하고 그대가 이것을 따라 하면 같은 것이 되는가? 둘 사이의 상황은 전혀 다르다. 마호메트가 저것을 말하고 그대가 그대로 따라 한다고 같은 것이 되는가? 아니다. 둘 사이의 상황이 전혀 다르기 때문이다. 문제는 말이 아니라 상황이다. 그대가 무엇을 말하느냐가 아니라 그대가 어떤 존재냐가 문제다.

이런 이야기가 있다.

도니건이 고해실에 앉아 고해를 하고 있다.
"신부님, 제가 참으로 나쁜 일을 저질렀습니다. 저를 성당에서 내쫓아주십시오."

신부가 물었다.

"무엇을 잘못했지요?"

도니건이 대답했다.

"어제 제 아내가 하도 섹시해보여서 제가 흥분했습니다. 그래서 아내의 옷을 거칠게 벗기고 바닥에 눕힌 다음 그 자리에서 범하고 말았습니다."

신부가 이상하다는 듯 말했다.

"좀 너무하다고 생각은 되지만 파문까지 생각해야 할 일은 아닙니다."

"정말로 저를 내쫓지 않으시겠습니까?"

"그래요."

도니건이 말했다.

"그런데 그 사람들은 저를 슈퍼마켓에서 내쫓던데요?"

세상일은 상황에 따라 다른 법이다. 자신이 어떤 사람이고 어디에 있느냐에 따라 다른 법이다. 보는 시각에 따라 다르기도 하고 말하는 사람의 체험에 따라 다르기도 하다. 내가 하는 말은 다른 사람이 하는 말과 별반 다르지 않지만, 그 의미는 전혀 다르다. 내가 하는 말은 나에게서 나오고, 다른 사람들이 하는 말은 그들에게서 나온다. 말 자체는 같지만, 말이 나오는 내면이 다르고, 그 뜻과 향기, 리듬이 다르다.

가짜 논리는 논리적으로 보이지만 그것은 앎Knowledge이 아니다.

논쟁의 구실에 불과하다. 남자는 가짜 논리의 전문가이다. 가짜 논리를 펼치는 데 남자의 마음은 탁월하다. 가짜 논리를 펼치는 기술을 깊이 배운 것이다. 남자에게는 이 필터, 셋째 층이 두텁다.

가짜 논리가 떨어져 나가야 참다운 이성이 태어난다.

그럼 참다운 이성이란 무엇인가? 칼 야스퍼스는 이를 완벽하게 정의했다.

"이성은 개방성이요, 투명성이며, 통합의 의지이다."

이성은 논리와 방편을 사용하며 논리와 방편을 초월하는 길을 찾는다. 이성은 지혜가 궁극으로 개화한 것이다.

그러나 가짜 이성은? 항상 가짜를 조심하라. 가짜는 항상 필터를 만들며 참은 항상 문을 만든다. 참은 다리요, 가짜는 장애물이다.

셋째 가짜 이성의 층이 인간 존재로 가는 크나큰 장애물이다.

감상

넷째 층은 감상感傷이다. 이것은 가짜 느낌이다. 아무것도 아닌 것에 야단법석을 피운다. 여자의 마음이 이에 뛰어나다. 감상은 공허하고 표피적이다. 무능력한 공감이다. 실제에서는 아무것도 하지 못한다. 친구가 아프면 그의 곁에서 운다. 우는 것은 아무런 도움이 되지 못한다. 이웃집에 불이 나자 옆에서 운다. 이것 역시 아무런 도움이 되지 못한다. 이런 가짜 느낌을 알아볼 수 있어야 한다. 그렇지 않으면 참느낌을 알 도리가 없다.

참된 느낌이란 직접적인 경험이요 몰입을 말한다. 그것은 공감을 넘어 교감하는 것을 말한다. 직접 하는 것이다. 가슴으로 직접 느끼는 사람은 변화한다. 그리고 이것은 생활 속에서 행동으로 배어나온다. 생활 속에 배어 나오는 느낌, 이것이 기준이다. 어떤 느낌이 생활과 행동으로 우러나오지 않는다면 그 느낌은 가짜다. 그런 느낌을 참느낌이라 믿으면 이것은 스스로를 속일 뿐만 아니라 남을 속이는 일이 된다.

생활 속의 행동은 가슴의 느낌과 다를 수 없다. 행동과 가슴이 다르다면 그 가슴은 가짜요 위선이다. 셋째 층이 남성의 영역이라면 넷째 층은 여성의 영역이다.

억압

다섯째 층은 오염되고 더럽혀진 본능이다. 이것은 억압을 말한다. 구제프는 인간의 존재 센터Center, 인간의 존재에는 7신체, 7센터가 있다고 함_역주들이 서로 중첩되고 간섭하고 침범함으로써 존재에 혼란이 일어난다고 말했다. 각 센터는 독자적으로 훌륭하게 기능하지만 서로 간섭하기 시작하면 혼란과 혼돈이 찾아온다. 존재의 전체 시스템이 망가진다.

예를 들어보자. 성 센터가 성 센터로 기능하면 문제는 없다. 그런데 사람들이 성을 지나치게 억압한 결과, 성 센터가 성기 부위에서 기능하지 않고 머리에서 기능한다. 이것이 센터들 사이의 간섭이다. 현대인들은 육체적인 관계를 머리로 한다. 그래서 포르노가 널리 퍼진다. 심지어 자신의 여자와 관계를 할 때도 아름다운 여자, 섹시한 여자를 떠올린다. 그렇게라도 해야 자신의 여자와 관계를 할 수 있다. 사실 관계의 상대는 거의 존재하지 않는다. 그런 관계는 자위에 다름 아니다. 지금 눈앞에 있는 자신의 여자와 하는 것이 아니라 눈앞에 없는 상상 속의 여자와 관계하는 것이다. 이렇게 사람들은 성관계마저 머리로 공상하면서 한다.

인간의 존재센터들이 뒤죽박죽된 것은 순전히 종교적인 억압 때문이다. 센터들은 마구 뒤엉켜 있다. 각 센터가 자신의 영역에서만 기능하면 아무런 문제가 생기지 않는다. 이 센터가 저 센터를 간섭할 때 문제가 발생한다. 센터가 센터를 간섭하여 인간 존재의 전체 시스템은 엉망이 되었다. 그리고 인간은 무엇이 무엇인지 구별하지 못하게 되었다.

성이 성 센터에서만 기능하면 우리는 성을 변형시킬 수 있다. 성이 머리 센터에서 기능하면 성을 변형시킬 도리가 없다. 성이 머리에서 기능하면 성은 머리에서 가짜 센터를 만든다.

이런 이야기가 있다.

가끔씩 천국의 성인들이 변장을 하고 지구를 방문하는 일이 허용되었다. 테레사 성녀는 오랫동안 할리우드 방문을 학수고대했다. 성인들의 근무를 관리하는 가브리엘 천사는 천국의 성인도 할리우드를 찾으면 타락할 것이라고 말했다.

하지만 끈질긴 부탁 결과, 테레사 성녀는 가브리엘 천사를 설득하는 데 성공하였다. 그녀는 절대 아무런 일도 없을 거라고 장담하고서 지구행 구름 비행기에 올라탔다.

몇 주만 머물겠다던 성녀는 아무런 연락도 오지 않았고, 몇 달이 훌쩍 지났다. 어느 날 걱정이 된 가브리엘이 로스앤젤레스로 전화를 걸었다. 그쪽에서 전화벨이 울리고 한 목소리가 들려왔다.

"테리에요. 누구예요? 아, 개비테리는 테레사의 애칭, 개비는 가브리엘의 애칭_역주, 자기야? 여기서 자기 목소리 들으니 정말 반갑다!"

이른바 성인이라고 하는 사람들은 세상을 피하기만 한다. 그들은 삶을 억압한다. 그들은 기회만 오면 보통 사람보다 심하게 타락한다. 지옥에 대한 두려움과 천국에 대한 탐욕으로 버티고 있는 것이다. 일반 사람들이 두려움이나 욕심으로 억압을 하면 이것은 어디로 가지 않고 그대로 남는다. 남을 뿐 아니라 부자연스럽게 왜곡되고 의식과 무의식의 깊은 층으로 들어가 숨는다. 그러면 이들의 뿌리를 뽑는 것은 대단히 힘들어진다.

구제프는 수피다. 그의 가르침 모두는 수피 스승들에게서 배운 것들이다. 그는 각 센터를 설명하여 각 센터가 제 영역에서 기능하게 만드는 방편을 서양 세계에 소개했다.

이성과 논리는 머리에서 기능해야 한다. 사람들은 종종 "당신을 사랑하는 것 같아요."라고 말한다. 이를 지켜본 적이 있는가? '당신을 사랑하는 것 같다?’ 그러나 사랑은 생각과 아무런 관련이 없다. 어떻게 ‘나는 너를 사랑한다’고 생각할 수 있는가? 이렇게 말하는 사람은 사랑이 가슴에서만 기능함을 모른다. 그들에게는 가슴조차도 머리를 통해 기능한다. 있는 그대로 “사랑합니다.”라고 말하지 못한다.

가슴으로 이야기하는 사람에게는 굳이 언어가 필요하지 않다. 머리로 이야기하는 사람에게는 언어만이 그의 존재를 전달할 수 있다.

지켜보라. 관찰해 보라. 머리는 이성으로, 가슴은 느낌으로, 성 센터는 성으로 기능하게 하라. 각 센터가 자신의 영역에서 기능하도록 하라. 한 센터가 다른 센터를 간섭하게 하지 말라. 그렇지 않으면 인간의 본능은 오염된다.

본능이 그 어떤 금기나 터부 없이 자연스러우면 몸은 밝고 조화롭게 기능한다. 존재는 아름다운 음악이 되어 흐른다.

다섯째 억압의 층은 남성성이 활동하는 영역이다.

여섯째 층은 오염된 직관이다.

인간은 직관의 세계를 거의 알지 못한다. 직관의 세계가 존재하는 지조차 모른다. 직관은 여섯째 층에 존재하기 때문이다. 다섯째 층이 너무 두껍기 때문에 여섯째 층을 느낄 길이 없다.

직관은 이성과는 완전히 다른 현상이다. 이성은 논리의 과정을 거쳐 결론에 도달한다. 그러나 직관은 도약한다. 도중에 비약을 한다. 직관은 과정을 모른다. 직관은 과정을 뛰어넘어 곧바로 결론에 도달한다.

논리의 과정을 거치지 않고 수학문제를 풀 수 있는 수학자들이 있었다. 직관을 사용한 것이다. 그들은 수학문제를 듣는 순간 곧바로 답을 맞춘다. 심지어 문제를 듣기도 전에 답을 말하기도 한다. 수학자들은 이런 기적적인 현상에 몹시 당황했다. 어떻게 이런 일이 가능한가? 일반 수학자들이 두세 시간이 걸려 풀 수 있는 문제를 순간적으로 풀어낸다. 컴퓨터도 몇 분씩은 걸릴 문제를 단 한순간에 맞춘다. 그래서 수학의 세계에서도 직관을 인정하기 시작했다.

직관은 이성이 그 한계를 드러낼 때야 작용하기 시작한다. 위대한 과학자들은 모두 직관을 통해 위대한 발견을 했다. 이성이 아니다.

퀴리 부인은 3년 동안이나 한 문제를 가지고 씨름했다. 모든 수단과 방법을 동원하여 풀려고 노력했지만 풀 수 없었다. 이 문제로 지친 퀴리 부인이 잠들던 어느 날 밤이었다. 일은 붓다에게 일어났던 것처럼 일어났다. 그날 밤, 퀴리 부인은 결심을 했다.

"이제 이만큼 했으면 됐다. 3년 동안 부단히 노력했지만 모두 헛수고였다. 이제 여기서 포기하자."

그날 밤, 그렇게 결심하고 잠자리에 들었다.

잠을 자다가 그녀는 한밤중에 침대에서 벌떡 일어나 책상으로 달려간 다음 답을 적었다. 그리고 다시 침대로 돌아가 잠 속으로 빠져들었다. 다음 날 아침에 일어난 퀴리 부인에게는 아무것도 기억나지 않았다. 그런데 오매불망 찾던 답이 책상 위에 올라가 있는 것이 아닌가? 밤사이 그녀의 방에는 아무도 들어오지 않았다. 설령 누가 들어왔다 해도 그 문제를 푼다는 것이 쉬운 일이 아니었다. 이 시대의 위대한 지성이었던 퀴리 부인이 3년 동안 씨름해도 풀 수 없었던 문제였지 않은가. 그녀는 답이 적힌 종이를 자세히 들여다보았다. 자신의 필적이 아닌가! 그러다가 갑자기 꿈이 기억났다. 지난밤 꿈속에서 책상에 앉아 답을 적어내린 것이 떠올랐다. 이렇게 퀴리 부인이 답에 도달한 것은 이성이 아니라 직관을 통해서였다.

붓다는 깨달음을 얻기 위해 6년 동안 갖은 고생을 했지만 깨달을 수 없었다. 어느 날 붓다는 깨달아야겠다는 생각을 버리고 보리수 아래서 쉬었다. 그러자 다음 날 아침 깨달음이 일어났다. 그가 아침에 눈을 떴을 때 삼매 속에 있었다. 먼저 이성의 일을 완전히 소모해야 한다. 직관은 이성이 완전히 소진되었을 때 일어난다.

직관은 과정이 아니다. 직관은 문제에서 결론으로 도약하는 것이다. 날아가는 화살이다. 섬광이다.

우리의 직관은 오염되었다. 인간의 직관은 완전히 오염되었다. 여성의 직관은 다소 덜 오염되었다. 그래서 여성에게는 직감이 있다. 직감은 직관의 단편이다. 직감은 이성적으로 설명되지 않는다. 이를테면 이런 식이다. 어떤 남편과 아내가 비행기를 타야 할 일이 있다. 그런데 갑자기 아내가 아무 데도 가지 않겠다고 우긴다. 아내는 무엇인가 좋지 않은 일이 일어날 것처럼 느낀다. 남편은 남편대로 무슨 말이냐고, 할 일도 많고 계획이 모두 잡혀 있어 가야만 한다고 성화를 부리지만 아내는 말을 듣지 않는다. 다음 날 아침 신문을 보니 비행기가 납치되었다거나 추락해서 승객 모두 사망했다는 기사가 난다. 아내는 자신이 그것을 어떻게 알았는지 자신도 모른다. 알 길이 없다. 직감이기 때문이다. 이 직감마저도 오염되었다. 그래서 직감도 섬광처럼 스쳐 지나간다.

다른 다섯 층이 모두 사라지고 자신의 고정 관념을 버리면, 이성이라는 고정관념을 버리면 직관이 꽃핀다. 이렇게 꽃핀 직관은 섬광처럼 스쳐 지나가는 것이 아니라 끊임없이 솟아오른다. 우리는 어느 때나 두 눈을 감고 직관 속으로 들어가 바른 방향을 얻을 수 있다. 다른 다섯 층이 부서지면 안에서 내면의 인도자가 나타난다. 언제나 필요할 때마다 직관의 세계에서 오는 에너지를 퍼올려 바른 길을 찾을 수 있다. 인도印度에서는 이를 내면의 스승이라 부른다. 일단 직관이 그 기능을 시작하면 조언을 구하기 위해 세상의 스승을 찾을 필요가 없다.

직관은 자신과 파장을 맞추는 일이다. 참나와 파장을 맞추는 일이다. 참나와 파장을 맞추면 아무도 모르는 곳에서 해결책이 떠오른다.

여성성으로 살라

오조 법연(伍祖 法演, 1024~1104), 송나라 시대 임제 문하인 백운수단 선사의 제자로서, 원오극근 선사를 선지식으로 길러냈고, 원오 선사는 대혜 종고를 훌륭한 선지식으로 길러냈음_역주은 사람들이 찾아와 선이 무엇이냐고 물으면 이런 이야기를 해주곤 했다.

밤손님인 아버지가 나날이 노쇠해가는 모습을 본 아들이 어느 날, 자신이 가업을 이을 수 있도록 기술을 전수해줄 것을 아버지께 부탁했다.

"은퇴하기 전에 가업을 물려주세요."

아버지는 아들의 요청을 승낙하고 그날 밤, 아들과 함께 어느 집을 털러 들어갔다.

커다란 장롱을 발견한 아버지는 그 속으로 들어가 귀한 옷을 꺼내오라고 아들에게 지시했다. 아들이 장롱 속으로 들어가자마자 아버지는 장롱을 밖에서 걸어 잠그고 큰 소리를 질러 온 집안사람을 깨웠다. 그리고 자신은 살금살금 집을 빠져나갔다. 장롱 속에 갇힌 아들은 화가 머리끝까지 남과 동시에 무서웠다. 어찌할 바를 몰랐다.

그러다가 문득 한 가지 생각이 떠올랐다. 아들은 고양이 소리를 냈다.

집주인은 하녀에게 촛불을 켜고 장롱 안을 살펴보라고 했다.

문이 열리자마자 아들은 재빠르게 뛰쳐나와 촛불을 불어 끄고 놀란 하녀를 밀치고 달아났다. 집안사람들이 그를 뒤쫓았다.

길가에 우물이 있다는 것을 아는 아들은 우물에 커다란 돌을 떨어뜨린 다음 어둠 속으로 숨어들었다. 뒤쫓던 사람들은 우물 주위에 모여 우물에 빠진 도둑을 찾기 시작했다.

집에 무사히 도달한 아들은 몹시 화가 난 상태에서 아버지에게 따지려고 대들었다.

그러자 아버지가 말했다.

"무슨 일이 일어났는지 나에게 따질 필요는 없다. 너는 무사히 돌아왔고 우리 가업의 비밀을 배웠지 않느냐."

존재는 하나요 세계는 많다. 이 둘 사이에 분리된 마음, 이중성의 마음이 존재한다. 이것은 나무와 같다. 나무의 줄기는 하나이지만 줄기 위로 올라가면서 두 가지로 나뉘어 자란다. 두 가지로부터 수많은 작은 가지가 뻗쳐 나온다. 존재는 나무의 줄기와 같다. 나뉘어 있지 않고 통으로 되어 있다. 마음은 줄기에서 나뉘어 자라는 두 가지와 같다. 둘로 나뉘는 음양이다. 남과 여, 낮과 밤, 신과 악마, 요가와 선이다. 근본적으로 보면, 세계의 이중성은 마음의 이중성에 존재한다. 이중성 밑에 존재의 단일성이 존재한다. 이중성 너머에 하나가 존재한다. 이를 신이라고 불러도 좋고 열반이라 불러도 좋다. 이중성 너머에는 하나가 존재한다.

이중성의 눈을 통해 보면 수많은 세계가 존재한다.

'마음은 하나가 아니다.' 이것은 근원적인 통찰이다. 이를 깨달아야 한다. 마음을 통해 보는 것은 무엇이나 둘이 된다. 이것은 프리즘을 통과한 빛과 같다. 빛이 프리즘을 통과하면 일곱 색깔 무지개 빛이 나타난다. 빛이 프리즘을 통과하기 전에는 하나였지만 프리즘을 통과하면 여러 빛깔로 나뉜다. 하나의 빛이 무지개의 일곱 빛깔로 나뉘는 것이다.

세계는 무지개요, 마음은 프리즘이며, 존재는 빛이다.

현대과학은 대단히 의미심장한 발견을 했다. 이것은 20세기 위대한 발견 중 하나로, '마음은 하나가 아니라 둘'이라는 것이다. 인간의 뇌는 좌뇌와 우뇌, 두 개의 반구半球로 되어있다. 우뇌는 왼손과 연결되어있고 좌뇌는 오른손과 연결되어있다. 우뇌는 직관적, 비논리적, 비이성적, 시적, 이상적이다. 낭만적이고, 신비적이며, 종교적이다.

그에 비해 좌뇌는 논리적, 이성적, 수학적, 과학적, 계산적이다.

좌뇌와 우뇌는 끊임없이 갈등을 일으킨다. 세상의 정치라는 것도 사실 인간의 마음 안에 있다. 우리는 보통 이를 자각하지 못하지만 세상의 현실은 이미 두 마음 안에 있다.

왼손은 우뇌와 연결되어있다. 왼손의 세계는 직관과 상상, 신화, 시, 종교의 세계다. 그런데 세상 사람들은 왼손의 사용을 나무란다. 사회는 오른손잡이의 것이다. 10퍼센트의 아이들이 왼손잡이로 태어나지만 오른손잡이가 될 것을 강요당한다. 왼손잡이로 태어나는 아이들은 직관적이고 비이성적이고 비논리적이다. 사회는 이런 아이들을 위험한 존재라고 생각한다. 그리고 모든 수단과 방법을 동원하여 오른손잡이가 될 것을 강요한다. 이것은 단순히 손의 문제가 아니다. 이면에 정치적인 합의가 숨어있다. 사회는 우뇌로 사는 왼손잡이 아이를 용인할 수 없다. 위험하기 때문이다. 그래서 때가 늦기 전에 싹부터 자르려고 한다.

어쩌면 처음에는 '50:50'이었을 것이다. 즉 50퍼센트의 아이가 왼손잡이이고 다른 50퍼센트가 오른손잡이였을 것이다. 그랬다가 이후 오른손잡이가 득세를 하자 왼손잡이의 아이들이 줄어들기 시작하여 결국에는 지금의 10퍼센트가 되었을 것이다. 여기에 모인 사람들의 많은 수가 어쩌면 왼손잡이로 태어났을지 모른다. 지금은 글을 쓸 때나 일을 할 때 오른손을 쓰지만 어렸을 때는 오른손잡이가 되기를 강요당했을지 모른다는 말이다. 이것은 일종의 사회적 계략이다. 구성원들을 모두 오른손잡이로 만들어 좌뇌의 기능을 활성화시키려는 것 말이다. 좌뇌는 이성적이요 우뇌는 이성을 넘어간다. 우뇌는 수학의 세계를 넘어간다. 우뇌는 섬광처럼 가능하며 직관적이고 우아하고 비이성적이다.

이와 같은 분리를 이해하면 많은 것들을 깨달을 수 있다. 부르주아와 프롤레타리아 중에서 프롤레타리아는 우뇌로 산다. 가난한 사람들이 보다 직관적이다. 원주민들을 보라. 그들은 보다 직관적이다. 가난한 사람들일수록 덜 지적이다. 어쩌면 그래서 그들이 가난한지도 모르겠다. 그들이 덜 지적이기 때문에 이성이 주도하는 사회경쟁에서 뒤쳐진다. 그들은 언어나 이성, 계산의 면에서 덜 세련되어있다. 영악한 사회의 눈으로 보면 거의 바보 수준이다. 그래서 그들이 가난한지도 모르겠다.

부자는 좌뇌가 주도한다. 부자는 계산에 밝고 영악하며 논리적이다. 그래서 부자는 재물을 모으는 데 뛰어나다. 부르주아도 프롤레타리아도 러시아혁명으로 사라질 수 없다. 공산혁명을 일으켰던 사람들과 똑같은 사람들이기 때문이다. 혁명 전 러시아를 다스렸던 황제도 좌뇌형 사람이며 왕정을 뒤집은 레닌 역시 좌뇌형 사람이었다. 레닌의 뒤를 이은 스탈린은 더욱 심한 좌뇌형 사람이었다. 혁명은 가짜다. 똑같은 좌뇌형 사람들이 일으킨 것이기 때문이다. 지배자는 좌뇌형이지만 피지배자는 우뇌형이다. 세상 속에서 일어나는 변화들은 별반 다를 바 없다. 피상적인 것이다.

남자와 여자의 경우도 이와 같다. 여자는 우뇌형이요 남자는 좌뇌형이다. 남자는 유구한 세월 동안 여자를 지배했다. 현대에 들어 소수의 여성들이 반란을 꾀하지만 이들 여성은 놀랍게도 좌뇌형 사람들이다. 그들은 남성보다 더 논리적이고 이성적이며 비관적이다. 러시아와 중국에서 공산혁명이 성공한 것처럼, 미래 어느 날, 미국에서 여자들이 들고일어나 남자 세상을 뒤집을지도 모를 일이다. 만약 성공한다 해도 그들은 똑같은 여자가 아니다. 남자처럼 좌뇌형 사람들일 것이다. 투쟁을 위해서는 계산적이어야 하며, 남자들과 싸워서 이기려면 남자들처럼 논리적이고 공격적이어야 할 것이다. 지금 세계에서 일어나는 여성해방운동에서 그와 같은 여성의 공격성을 엿볼 수 있다. 여성해방운동을 하는 여성들은 한결같이 여성의 아름다움과 직관을 상실한 사람들이며 대단히 공격적이다. 여자가 남자와 싸우려면 남자의 전략과 수법을 배워야 할 것이다.

상대와 싸우려면 상대와 같이 변하지 않으면 안 된다. 이것은 인간이 겪을 수밖에 없는 고민이다. 일단 상대와 싸우기 시작하면 상대의 수법과 전략을 쓰지 않을 수 없다. 적을 무찌른다 해도 그때 나는 이미 나의 적이 되어있다. 스탈린은 러시아의 어떤 황제보다 심한 폭군이었다. 그럴 수밖에 없었다. 왕정을 무너뜨리기 위해서는 더 폭력적인 방법을 동원하지 않으면 안 되었을 것이다. 오직 폭력적인 사람들만이 혁명가가 되고 정상의 자리에 오른다. 정상에 오를 때면 그들 자신이 황제가 되어 있다. 별다른 변화 없이 사회는 똑같은 패턴을 반복한다. 피상적인 것만 변했을 뿐, 똑같은 갈등이 계속된다.

갈등은 인간의 내면에 있다. 갈등을 내면에서 풀지 않으면 그 어디에서도 해결할 길이 없다. 인간사에서 벌어지는 정치와 갈등은 인간의 내면에 있다. 분리된 두 마음 사이에 있다.

두 마음 사이에 작은 다리가 존재한다. 그러나 어떤 사고나 심리적인 충격 등으로 이 다리가 무너지면 사람은 분리된다. 한 사람이 두 사람이 되고 정신이 분열된다. 다리는 약하다. 이 다리가 부서지면 사람은 두 사람이 되어 산다. 아침에는 사랑스럽고 아름답다가 저녁에는 화가 나는 등 완전히 다른 사람이 된다. 저녁에는 아침의 자신을 기억하지 못한다. 아침과는 다른 마음이 작용하기 때문이다. 사람은 이렇게 분열되어 산다. 이 다리가 튼튼하면 두 마음이 사라지고 하나로 통합된다. 존재의 결정화가 일어난다. 구제프가 "존재의 결정화"라고 부른 것은 곧 두 마음이 하나되는 것을 말한다. 존재가 결정화되면 남과 여가 만나고 음과 양이 만나고, 좌와 우가 만나고, 논리와 비논리가 만나며, 플라톤과 아리스토텔레스가 만난다.

나무가 가지를 치듯 마음이 갈라지는 것을 이해하면 자신의 안팎으로 일어나는 모든 갈등을 이해할 수 있다.

일화 하나를 이야기해 보자.

독일인들 사이에는 "베를린은 프러시아의 무뚝뚝함과 효용성의 대명사요, 비엔나는 오스트리아의 예절과 매력의 상징."이라는 믿음이 있었다.

베를린 사람이 비엔나에 가서 길을 잃으면 지나가는 비엔나 사람 아무나 붙잡고 이렇게 묻는다고 한다.

"우체국 어디 있어요?"

무뚝뚝한 베를린 사람다운 말이다.

그러면 깜짝 놀란 비엔나 사람이 상대의 팔을 떼내며 정중하게 말한다.

"좀 더 정중하게 물으셔야죠. '실례지만, 우체국으로 가는 길을 알려주시겠습니까?' 이렇게 말이에요."

그러면 베를린 사람이 잠깐 놀랐다가 퉁명스럽게 "차라리 거기 안 가고 말겠소."라고 쏘아붙이고 휭하니 가버린다.

이번에는 반대로 한 비엔나 사람이 베를린을 찾아갔다가 우체국으로 가는 길을 찾고 있다. 잠시 후, 그는 한 베를린 사람에게 다가가 정중하게 묻는다.

"죄송하지만, 우체국으로 가는 길을 말씀해 주시겠습니까?"

말이 끝나자마자 베를린 사람이 기계처럼 빠르게 안내하기 시작한다.

"엎어지면 코 닿을 데요. 두 블록 직진했다가 우회전, 거기서 한 블록 가서 길을 건너고 다시 우회전, 왼편으로 난 철로를 건넌 다음 가판대를 지나면 거기가 우체국이오."

이에 당황한 비엔나 사람이 정신을 가다듬어서 "대단히 감사합니다.”라고 말한다.

말이 떨어지기가 무섭게 베를린 사람은 상대의 옷깃을 잡고 다그친다.

“그건 그렇고, 내가 어떻게 가라고 했는지 말해보시오!”

베를린 사람은 남성적인 마음의 소유자요, 비엔나 사람은 여성적인 마음의 소유자다. 여성적인 마음에는 아름다움이 있지만 남성적인 마음은 효율성만을 추구한다. 둘 사이에 싸움이 벌어지면 물론 여성적인 마음의 소유자가 지기 마련이다. 세상은 사랑의 언어가 통하지 않고 효율성의 언어만이 통하기 때문이다. 효율성이 아름다움을 지배하면 우리는 소중한 것을 상실한다. 존재와의 교감을 상실한다. 효율성은 발전할지 모르지만 참인간을 상실하기 때문이다. 그런 곳에서 인간은 로봇과 같은 기계로 전락한다.

이런 이유로 남자와 여자 사이에는 끊임없는 갈등이 벌어진다. 남자와 여자는 떨어져 살 수 없다. 끊임없이 관계를 이어가야 한다. 그런데 마찰 때문에 같이 사는 것이 쉽지 않다. 갈등과 마찰은 외부에서 오지 않는다. 그것은 인간의 마음에서 온다.

나는 이렇게 이해한다. 좌뇌와 우뇌 사이의 싸움을 풀지 않으면 남녀 관계는 결코 평화로울 수 없다. 내면의 싸움이 그대로 외면으로 나타나기 때문이다. 내면에서 계속 싸우는 사람, 이성이 주도하는 좌뇌와 자신을 동일시하고 계속 우뇌를 지배하려고 드는 사람은 사랑하는 여자가 생겨도 똑같은 짓을 한다. 내면에서 자신의 이성과 싸우는 여자는 사랑하는 남자와도 끊임없이 싸운다.

관계는 모두 -예외적인 경우는 거의 없다 해도 무방하다- 추하다. 처음에는 아름다워 보인다. 관계를 시작할 때는 자신의 실재 모습을 감추고 가장하기 때문이다. 관계가 안정되면 내면의 갈등이 튀어오르기 시작한다. 그래서 자신의 본 모습들이 관계 속에 투영되면 남녀 간의 싸움이 시작된다. 서로 흠을 잡고 헐뜯고 바가지를 긁고 하면서 서로에게 상처를 준다.

사람들은 내게 와서 어떻게 하면 관계를 깊게 할 수 있느냐고 묻는다. 그러면 나는 "먼저 명상을 깊게 하라."고 말한다. 내면에서 문제를 해결하지 않으면 더 많은 문제가 생긴다. 내면에서 문제를 해결하지 않고 관계 속으로 들어가면 무수한 문제들이 발생한다. 보라, 세상 사랑을! 세상에 사랑보다 더 아름답고 위대한 것이 있는가? 그와 동시에 사랑의 관계보다 더 추하고 참담한 것이 있는가?

일전에 물라 나스루딘Mulla Nasruddin, 가공의 회교 성직자에서 따온 이름으로, 오쇼의 농담에서 자주 등장하는 인물_역주이 내게 말했다.

"이 고통을 여러 달 미루기만 했는데, 이번에는 꼭 가봐야 할 것 같구먼."

내가 궁금해서 물었다.

"왜, 치과 아니면 병원에?"

그가 대답했다.

"아니, 내 결혼식 말이야."

사람들은 결혼을 계속해서 미루고 연기한다. 결혼한 다음에도 그렇다. 결혼생활에 시달리다가 거기에서 빠져나올 수 없다고 느낄 때, 그때서야 편히 쉰다. 밖에서 결혼생활을 보면 사막의 아름다운 오아시스처럼 보인다. 하지만 가까이 다가가면 오아시스의 아름다움이 점점 사라진다. 일단 결혼에 걸려들면 결혼생활은 감옥이 된다. 그러나 기억하라. '이 감옥은 상대에게서 오는 것이 아니라 자신의 내면에서 나온다는 것을.'

좌뇌형의 사람은 인생에서 성공할지는 모르지만 마흔 살쯤에 위궤양이 생기고 한두 번의 심장마비로 고생하며 쉰 살이 되면 언제 넘어질지 모른다. 대단한 과학자가 될 수는 있어도 위대한 존재는 될 수 없다. 대단한 부를 축적할 수는 있겠지만 참으로 가치 있는 것을 잃는다. 알렉산더처럼 전 세계를 정복할 수는 있어도 자신을 정복하지 못한다.

좌뇌로 살아야 세상 살기에 좋다. 세상의 이득을 취하려면 좌뇌로 살아야 할 것이다. 좌뇌는 좋은 차와 집, 돈, 권력과 명예를 추구한다. 인도에서는 좌뇌형 사람을 '그리스타Gristha'라고 한다. 가장家長이라는 뜻이다.

우뇌형 사람은 산야신의 삶을 지향한다. 그는 세상일로부터 멀어져가며, 내면의 존재와 평화, 지복 등의 세계로 나아간다. 그에게 세상일은 풀려도 좋고 풀리지 않아도 상관없다. 그는 순간순간을 살 뿐, 미래를 생각하지 않는다. 시적인 삶에 관심을 둘 뿐, 계산적인 삶에 관심을 두지 않는다.

이런 일화를 들은 적이 있다.

핀켈스타인이 경마에서 큰돈을 벌자, 옆에 있던 무스코비츠가 크게 부러워했다.

"어떻게 된 거야? 무슨 비법이라도 있었나?"

"다 길몽 덕분이야."

"길몽이라고?"

"응, 말 세 마리에 돈을 걸려고 했는데, 세 번째 말이 영 마음에 놓이지 않더군. 바로 전날 밤, 천사가 내 머리맡에 내려와 축복을 해주었지. '핀켈스타인, 그대에게 복이 있으라. 그대에게 일곱 번 복이 일곱 번 있으리라.' 잠에서 깨어나 7곱하기 7은 48이고 48번 말은 헤븐리 드림임을 알았지. 그래서 세 번째 말을 헤븐리 드림으로 한 거야. 이렇게 해서 큰돈을 딴 거라네."

그러자 무스코비츠가 의아하다는 듯이 물었다.

"핀켈스타인, 7곱하기 7은 49잖아!"

핀켈스타인이 대꾸했다.

"그래, 너는 수학자 하면 잘하겠다."

세상에는 수학으로 사는 삶이 있고 꿈과 비전으로 사는 삶이 있다. 두 부류의 삶은 완전히 다른 삶이다.

일전에 누군가 이렇게 물었다.

"세상에는 유령이나 귀신 같은 게 존재합니까?"

그렇다, 존재한다. 우뇌로 사는 사람에게는 존재한다. 좌뇌로 사는 사람에게는 존재하지 않는다. 아이들은 모두 우뇌형의 인간이다. 아이들은 도처에서 유령이나 귀신 따위를 본다. 유령이나 귀신을 보았다는 아이를 보면 어른은 우격다짐으로 이렇게 말한다.

"말도 안되는 소리 하지 마! 멍청이같이. 세상에 그런 것은 없다. 헛것을 본 거다!"

어른들이 계속해서 이렇게 가르치면 아이들은 우뇌형 인간에서 좌뇌형 인간으로 바뀐다. 세상에서 살아남으려면 어른이 시키는 대로 따라 하지 않으면 안 된다. 그래서 아이들은 자신의 꿈을 잃고, 시를 잃고, 신화를 잃고, 계산을 배운다. 이렇게 세상에 적응하고 계산에 빠른 사람이 되겠지만, 그러는 동안 아이의 영혼은 죽는다. 자꾸만 존재가 멀어져가고 아이는 시장의 상품으로 전락한다. 물론 이 아이는 세상의 눈으로 보면 가치 있는 존재지만 존재의 눈으로 보면 무가치한 사람이다.

산야신은 상상으로 사는 사람이요 꿈으로 사는 사람이다. 시를 노래하고 삶을 노래하고 비전을 보는 사람이다. 그에게 나무는 보다 푸르고 새는 보다 아름답다. 모든 것이 빛을 발한다. 조약돌이 금강석이 된다. 길가의 평범한 돌조차 아름다워 보인다. 우뇌로 볼 때 세상 만물은 신성해진다.

한 사람이 친구와 함께 카페에서 차를 마시고 있다. 그는 찻잔을 유심히 보더니만 한숨을 내쉬며 이렇게 말한다.

"이보게, 인생이라는 것이 찻잔 같구먼."

친구가 잠시 생각하더니 이렇게 말한다.

"왜 인생이 찻잔같나?"

그가 대답한다.

"내가 그걸 어떻게 알아? 내가 철학자인 줄 알아?"

우뇌는 사실에 대해 진술하기만 할 뿐, 이면에 있는 이유는 알지 못한다. 우뇌형 사람에게 "왜?"라고 물으면 대답은 돌아오지 않는다. 길을 가다가 연꽃을 보고 "아름답다"라고 말하면 상대가 "왜?"라고 묻는다. 그러면 당신은 어떻게 대답할 것인가? 이렇게 말할 뿐이다. "내가 어떻게 압니까? 나는 철학자가 아닙니다."

연꽃을 보고 "아름답다"라고 말한다. 이것은 아주 평범한 진술이며 동시에 완벽하다. 거기에 어떤 이유나 결과가 있을 필요가 없다. 사실에 대한 있는 그대로의 진술일 뿐이다. 우파니샤드를 보라. 우파니샤드는 단순한 진술이다.

"신은 존재한다. 이유는 묻지 마라."

묻는 사람이 있다면 우파니샤드는 이렇게 말할 것이다.

"우리가 철학자라고 생각하는가? 우리가 어떻게 안단 말인가? 신은 다만 존재할 뿐이다."

우파니샤드는 말한다.

"신은 아름답다. 신은 가까이, 그대의 심장 가까이 있다. 그러나 이유는 묻지 마라."

우파니샤드에 나오는 스승들은 철학자가 아니다.

성경에 나오는 복음서와 예수의 말을 보라. 단순하다. 예수는 말한다.

"하느님은 천국에 계신다. 나는 그의 아들이요 그는 나의 아버지이시다."

이유는 묻지 마라. 예수가 법정에 선다 해도 증명할 길이 없다. 다만 이렇게 말한다.

"나는 안다."

그에게 "누구한테 들었는가? 무슨 권위로 말하는가?"라고 물으면 예수는 "내 자신의 권위로 말할 뿐이다. 나는 다른 권위에 의지하지 않는다."고 말할 것이다.

이것이 예수와 같은 사람이 세상에서 겪을 수밖에 없는 어려움이다. 이성적인 마음은 예수를 이해하지 못한다. 예수가 다른 이유 때문에 십자가 처형을 당한 게 아니다. 그는 좌뇌형 사람들에게 처형당한 우뇌형 사람이었던 것이다.

노자는 말한다.

"세상은 참으로 영리한데 나는 멍청하다. 세상은 확신에 차 있는데 나는 확신에 차 있지 않다."

노자는 우뇌형 사람이다. 우뇌형 사람은 시와 사랑의 길을 가는 사람이다.

인간의 우뇌에는 변화가 필요하다. 그 변화는 내면의 변형을 불러온다. 요가는 논리와 수학, 과학 등의 좌뇌 세계를 거치면서 존재의 통합에 도달한다. 선은 정반대다. 물론 도달하는 목적은 같다. 하지만 선은 우뇌를 통해 초월의 길을 간다. 어느 길을 선택해도 좋다. 하지만 요가의 길을 선택하면 그 길은 참으로 멀고 험난할 것이다. 요가의 길은 이성으로 초월 이성에 도달하려고 한다. 이것은 대단히 어려운 일이다. 선의 길은 쉽다. 선은 무이성으로 초월 이성에 도달하는 길이기 때문이다. 무이성은 거의 초월 이성과 같다. 거기에는 아무런 장벽이 없다. 요가는 벽을 뚫고 지나가는 길이요, 선은 문을 열고 들어가는 길이다. 선이 들어가는 문은 잠겨 있지 않다. 슬쩍만 밀어도 열리는 문이다.

선에는 아름다운 일화들이 많다. 선의 사람들은 이론이나 교리를 만들지 않는다. 그들은 일화로 선을 말한다. 선의 일화는 정말 대단한 데가 있다. 예수도, 붓다도, 수피도 모두 우화를 통해 이야기한다. 이것은 결코 우연의 일치가 아니다. 이야기나 우화, 일화는 모두 우뇌의 길이다. 논리와 논쟁, 증거 등은 모두 좌뇌의 길이다.

앞서 말한 오조 법연이 들려준 일화를 살펴 보자.

이 이야기는 정말 달을 가리키는 손가락이다. 이 이야기는 선을 정의하지 않는다. 선이란 근원적으로 정의를 내릴 수 없다. 맛을 볼 수는 있어도 정의는 가능하지 않다. 체험할 수는 있어도 설명할 수는 없다. 가리킬 수는 있어도 말할 수는 없다. 그러나 이야기를 통해서는 어느 정도를 전달할 수 있다. 이 이야기는 선이란 무엇인가를 보여준다.

이것은 달을 가리키는 손가락이지 선에 대한 정의가 아니다. 철학이나 사상 따위가 아니다. 섬광과 같은 깨우침을 맛보라! 선의 일화를 통해 지식을 하나 더 쌓으려고 하지 말라. 저 너머의 세계를 일견하고 맛보고, 섬광과 같은 깨우침이 일어나도록 하라. 자신의 마음은 완전히 잊어버려라. 그것이 선의 일화가 전하는 핵심이다.

밤손님인 아버지가 나날이 노쇠해가는 모습을 본 아들이 어느 날, 자신이 가업을 이을 수 있도록 기술을 전수해줄 것을 아버지께 부탁했다.

도둑질은 과학적인 것이 아니라 하나의 기술이다. 도둑도 시인처럼 타고난다. 도둑질은 배워서 되는 것이 아니다. 배워서 도둑질을 하는 사람은 쉽게 잡힌다. 거대한 경찰조직을 따돌리는 것이 여간 어렵지 않다.

도둑은 타고나는 법이다. 도둑은 요령과 직감으로 작업을 수행한다. 그러므로 도둑에는 여성적인 면이 있다. 그는 사업가라기보다는 도박사다. 그는 아무것도 아닌 것에 모든 것을 건다. 그는 항상 언제 잡힐지 모르는 위험 속에서 작업을 한다. 그것은 종교인과 같은 삶이다. 구도자는 도둑과 같다고 선은 말한다. 구도자는 신을 찾는 도둑이다. 논리나 이성, 혹은 사회나 문명의 틀을 통해 신에 도달하는 길은 없다. 그는 벽을 뚫기도 하고 뒷문으로 몰래 들어가기도 한다. 한밤중을 이용한다. 사람들과 고속도로를 달리는 것이 어려우면 숲 속에 자신만의 길을 만든다. 그렇다. 둘 사이에는 유사한 점이 많다. 불을 훔치고 보물을 훔치는 기술을 나느 자만이 신에 도달할 수 있다.

아버지의 은퇴 시기가 다가오자 아들이 물었다.
"은퇴하기 전에 가업을 물려주세요."
아버지는 아들의 요청을 승낙하고 그날 밤, 어느 집을 털러 들어갔다.

커다란 장롱을 발견한 아버지는 그 속으로 들어가 귀한 옷을 꺼내오라고 아들에게 지시했다. 아들이 장롱 속으로 들어가자마자 아버지는 장롱을 밖에서 걸어 잠그고 큰 소리를 질러 온 집안사람을 깨웠다. 그리고 자신은 살금살금 집을 빠져나갔다.

장롱 속에 갇힌 아들은 화가 머리끝까지 남과 동시에 무서웠다. 어찌할 바를 몰랐다.

아버지는 평범한 도둑이 아니었다. 진짜 스승이었던 것이 틀림없다. 물론 아들은 진짜 당황했을 것이다. 의도적으로 자식을 사지死地로 내몰다니, 무슨 가르침이 이렇단 말인가? 그러나 이것은 말로 가르칠 수 없는 것을 가르쳐줄 수 있는 유일한 방법이다. 우뇌의 세계를 가르쳐줄 수 있는 유일한 방법이다.

좌뇌의 세계는 학교에서 배울 수 있다. 우리는 학교에서 정해진 교과과정을 통해 지식을 쌓고 훈련을 받을 수 있다. 중등교육에서부터 대학교육까지 전문분야에서 학사 학위나 석사 학위를 받는다. 그러나 세상에 우뇌 계발을 위한 학교는 존재하지 않는다. 점진적인 교육과 훈련이 아니라 섬광처럼 빛을 발하는 직관을 위한 학교는 없다. 직관은 어느 순간 예고 없이 찾아온다. 자신을 존재에 내맡길 때 더 많은 직관의 문들이 열린다.

그래서 나는 아버지 도둑이 진짜 스승이라고 말한다.

장롱 속에 갇힌 아들은 화가 머리끝까지 남과 동시에 무서웠다. 어찌할 바를 몰랐다.

장롱 안에서 빠져나올 수 있는 현실적인 방법은 보이지 않았다. 문은 밖에서 잠기고 아버지가 지른 소리 때문에 온 집안 식구가 깨어나 주변을 샅샅이 찾는 가운데, 아버지 도둑은 슬그머니 도망쳤다. 어떻게 하면 장롱에서 빠져나와 도망친단 말인가? 이런 상황에서 논리나 이론은 아무짝에도 쓸모없다. 어떻게 하면 좋을까? 돌연 마음은 생각을 멈춘다. 바로 이것이 아버지가 해온 것이요 가업의 비밀이었다. 아버지는 논리적인 생각이 멈추는 상황 속에 아들을 밀어넣었다. 도둑질에는 논리적인 생각이 필요 없다. 논리적인 생각을 따라 작업을 하면 역시 같은 논리의 세계에 사는 경찰에 붙잡히기 마련이다.

제2차 세계대전 때의 일이다. 히틀러는 3년 동안 승리를 거듭했다. 이유는 별것 아니었다. 히틀러는 예측할 수 없을 만큼 비논리적이었기 때문이다. 독일과 싸우는 연합국 모두는 논리적으로 전쟁을 수행하고 있었다. 연합국 모두는 군사훈련과 전략, 무기 등의 분야에서 독일 못지않았다. 연합국의 군사전문가들이 "히틀러가 이쪽을 칠 것이다."라고 예측하고 전략을 세우면 히틀러는 다른 쪽을 치곤 했다. 그가 제정신이었다면 연합국 전문가들이 예측한 곳을 쳤을 것이다. 군사전략에서는 방어가 가장 허술한 곳을 치기 마련이다. 그것이 논리적인 생각이다. 그래서 연합국 측에서 가장 허술한 지역에 군대를 집결시키면 히틀러는 전혀 예상밖의 지역을 치곤 했다.

히틀러는 휘하 참모의 말에도 귀를 기울이지 않았다. 그는 전략을 세울 때 점성술사에게 조언을 구하곤 했다. 세계 전쟁사에 이런 일은 없었다. 점성술사가 전략을 세우는 데 참여하다니! 처칠의 스파이가 잠입하여 히틀러의 군이 전쟁에 대해서는 아무것도 모르는 점성술사에 의해 좌지우지된다는 사실을 밝혀냈을 때 이대로는 히틀러를 이길 수 없다고 판단했다. 세상에 별을 보는 자가 이 땅의 전쟁을 좌지

우지하다니! 처칠은 즉시 점성술사를 군에 임명하고 점성술사의 조언에 따라 전략을 세우기 시작했다. 이제 두 명의 멍청이가 세계대전을 예언하는 상황 속으로 돌입했다.

도둑이 논리의 세계를 따르면 역시 똑같은 논리의 세계를 따르는 경찰에 붙잡힐 수밖에 없다. 도둑은 예측 가능한 방법으로 작업해서는 안 된다. 여기서는 논리적인 생각이 통하지 않는다. 아무도 예상할 수 없도록 논리를 완전히 뒤집어야 한다. 자신의 모든 에너지가 우뇌로 흘러갈 때 비논리적인 생각은 가능하다.

장롱 속에 갇힌 아들은 화가 머리끝까지 남과 동시에 무서웠다. 어찌할 바를 몰랐다. 이때 논리적인 생각으로는 아무것도 해결할 수 없다. 그래서 아들은 어찌할 바를 몰랐다.

그러다가 한 생각이 번뜩 났다. 이것이야말로 변용이다. 좌뇌가 기능할 수 없는 위험한 상황 속에서만 우뇌에게 발언권이 주어진다. 좌뇌가 기능을 할 수 없을 때, 도저히 어떻게 해볼 도리가 없을 때는 마음의 억압받은 쪽에 기회를 주는 것이 어떤가? 기회를 주라. 해가 될 것은 없다.

그러다가 한 가지 생각이 떠올랐다. 아들은 고양이 소리를 냈다.

이것은 논리적인 생각이 아니다. 고양이 소리를 낸다? 이상한 생각이다. 그런데 효과가 있었다.

집주인은 하녀에게 촛불을 켜고 장롱 안을 살펴보라고 했다.

문이 열리자마자 아들은 재빠르게 뛰쳐나와 촛불을 불어 *끄고* 놀란 하녀를 밀치고 달아났다. 집안 사람들이 그를 뒤쫓았다.

길가에 우물이 있다는 것을 아는 아들은 우물에 커다란 돌을 떨어뜨린 다음 어둠 속으로 숨어들었다. 뒤쫓던 사람들은 우물 주위에 모여 우물에 빠진 도둑을 찾기 시작했다.

이 아이디어는 논리적인 마음에서 우러나온 것이 아니다. 논리적인 마음은 이러저러한 방법을 찾고 대안을 찾는 데 생각할 시간이 필요하다. 수많은 대안이 머릿속에 떠오른다. 아들과 같이 위급한 상황에 내몰리면 생각할 시간조차 없다. 사람들이 뒤쫓아오는데 어떻게 생각을 할 수 있겠는가? 안락의자에 앉아 있을 때나 생각하는 것은 좋다. 안락의자에 편하게 앉아서는 눈을 감고 이 생각 저 생각을 할 수 있다. 하지만 사람들이 뒤쫓아오고 자신의 생명이 경각에 달린 경우에는 마음이 생각할 틈이 없다. 번뜩이는 직관으로 순간에 살아야 한다. 아들이 우물에 돌을 던지려고 '생각했던' 것이 아니라 저절로 '일어난' 것이다. 그것은 생각을 통한 결론이나 결심이 아니라 순간적인 일어남이다. 아들은 우물에 돌을 던지고 어둠 속에 숨었다. 뒤쫓던 사람들은 우물 주위에 멈추어 도둑이 우물 속에 스스로 몸을 던졌다고 생각했다.

집에 무사히 도달한 아들은 몹시 화가 난 상태에서 아버지에게 따지려고 들었다.

그러자 아버지가 말했다.

"무슨 일이 일어났는지 나에게 따질 필요는 없다. 너는 무사히 돌아왔고 우리 가업의 비밀을 배웠지 않았느냐."

자세한 것을 따질 필요 없다. 쓸모없는 일이다.

직관은 결코 되풀이하는 일이 없다. 그러므로 직관을 위해 지나간 일을 따질 필요조차 없다. 논리의 세계에서는 지나간 일을 자세히 따져야 할 것이다. 논리적인 사람은 지나간 일을 이리저리 따져, 다음번에 같은 상황에 놓이면 어떻게 대처해야 할지를 생각한다. 하지만 도둑의 삶에서는 절대로 같은 상황이 두 번 반복되지 않는다.

우리들의 삶 속에서도 같은 상황은 반복되지 않는다. 마음으로 생각하여 결론을 내리는 사람의 정신은 죽는다. 순간순간 새로운 상황에 반응하지 못하는 것이다. 삶 속에서 우리는 대응해야 한다. 반응이 아니다. 굳어진 마음으로 사는 것이 아니다. 무심으로 살아야 한다. 순간에서 순간으로, 미지에서 미지 속으로 대응하며 살아야 한다.

이것이 곧 오조 법연이 사람들에게 '선이란 무엇인가?'에 대해 해주던 말이다. 사람들이 선에 대해 물으면 그는 이 이야기를 해주곤 했다. 선은 곧 도둑질과 같다. 그것은 과학이 아니라 기술이다. 남성적인 것이 아니라 여성적이다. 공격적이 아니라 수용적이다. 조직화된 계획이 아니라 자연스러운 흐름이다. 이것은 이론이나 가설, 교리, 경전 등과는 아무런 관련이 없다. 오직 한 가지, 각성과 관련이 있다.

도둑의 아들이 장롱 속에 갇혀 있을 때의 상황은 어떠했는가? 졸렸을까? 아니다. 아들의 의식은 날카롭게 깨어 있었을 것이다. 자신의 목숨이 걸린 문제이기 때문에 완전한 각성 속에 있었을 것이다.

우리는 이렇게 매 순간 깨어 있을 수 있다. 그러면 변용이 일어난다. 에너지는 좌뇌에서 우뇌로 이동한다. 깨어있을 때 사람은 직관적인 사람이 될 수 있다. 직관이 미지의 세계에서 섬광처럼 내려온다. 그러나 섬광처럼 내려오는 직관을 따르지 않으면 귀중한 많은 것들을 놓친다.

논리가 힘을 쓸 수 없는 구석에 몰릴 때는 절망에 빠지거나 자포자기하지 말라. 그때는 자신의 인생에서 가장 축복받은 순간이 될 수도 있다. 좌뇌가 우뇌에게 길을 내어주는 순간이 될 수도 있다. 우뇌에 에너지가 흐르면 여성적이고 수용적인 쪽에서 아이디어가 떠오른다. 이 아이디어를 따라 실행하면 많은 문들이 열린다. 직관이 찾아와도 이를 이해하지 못하거나 삶 속에 실천하지 않는 사람은 귀중한 기회를 놓친다.

도둑의 아들도 기회를 놓칠 뻔했다. 아버지의 가르침은 너무나 비정상적이고 비이성적이었다. 고양이 소리를 내라고? 왜? 아들이 "왜?"라고 따졌으면 기회를 놓쳤을 것이다. 하지만 사정이 너무나 급박했기 때문에 아들은 "왜?"라고 물을 수 없었다. 그는 생각했다. '일단 시도나 해보자. 손해 볼 것은 없다.' 거기서 아버지가 주는 가르침의 실마리를 잡을 수 있었다.

아버지가 옳았다.

"자세한 것은 따질 필요 없다. 그것은 중요하지 않다. 중요한 것은 네가 무사히 집에 돌아왔다는 것이다. 너는 기술을 배웠다."

어떻게 하면 마음의 여성적인 부분을 사용할 수 있느냐가 기술의 전부다. 마음의 여성적인 부분은 전체계와 연결되어 있지만 남성적인 부분은 연결되어 있지 않다. 남성성은 공격적이며 지속적으로 투쟁하지만 여성성은 깊은 신뢰 속에서 언제나 헌신적이다. 그래서 여성의 몸은 아름답고 부드럽다. 여성성은 자연을 깊이 신뢰하며 자연과 하나로 호흡한다. 여성은 깊은 헌신 속에서 살지만 남성은 끊임없이 싸우고 분노한다. 자신을 과시하고 목표를 위해 분투한다.

달에 가고 싶은지, 여자에게 물어보라. 그런 질문을 받으면 여자는 대체 무슨 말인가 하고 이해하지 못할 것이다. 무엇을 위해 달까지 가야 한단 말인가? 여자는 자신이 살고 있는 집만으로 이미 넉넉하다. 여자는 지금 여기에 있는 것에 관심을 둔다. 그래서 여자는 보다 조화롭고 아름다운 존재이다. 남자는 끊임없이 자신의 존재를 입증하려고 애쓴다. 자신의 존재를 입증하려면 경쟁하고 싸우지 않으면 안 된다.

어떤 여자가 존슨 박사에게 말을 걸려고 한다. 하지만 박사는 그녀에게 별다른 관심을 보이지 않는다.

여자가 장난스럽게 말한다.

"박사님은 여자보다 남자를 더 좋아한다고 그러던데요."

존슨 박사가 대답했다.

"저는 여성분들을 아주 좋아합니다. 저는 여성분들의 아름다움과 발랄함, 그리고 조용한 면을 좋아하지요."

내면에서나 외면에서나 남자는 여자가 제대로 말하지 못하도록 강요한다. 남성 자신의 여성적인 부분에게도 말할 기회를 주지 않는다. 자신의 여성적인 부분이 무엇인가를 말하려면 당장 "말도 안 되는 소리!"라며 억누른다. 교묘히 상대 여성이 말을 하지 못하도록 유도하는 존슨 박사처럼 말이다.

가슴은 이성적이다. 머리가 삶을 주도하고 가슴에게 기회를 주지 않는 사람은 삶의 많은 것을 놓친다. 머리는 정확하고 영악하며 때로는 위험하며 폭력적이다. 머리는 폭력으로 내면세계를 지배하며 나아가서 외부세계도 지배한다. 그래서 남성은 외부세계에서 여자를 지배한다. 아름다움이 폭력에 지배당하는 것이다.

물라 나스루딘이 학교 행사에 초대받았다. 행사에서 학생들은 키 순서대로 줄을 지어 행진을 하였다. 얼마 있지 않아 물라는 행진을 선도하는 맨 첫 번째 아이로 인해 행진이 흐트러지는 모습을 보았다. 그 아이는 다른 학생보다 머리 하나는 더 컸으며 선도하는 모습이 어쭙

잖았다.

"왜 저 학생이 앞에 섰지?"

물라가 어린 여학생에게 물었다.

"걔가 반장쯤 되는 모양이지?"

"아니에요."

여학생이 대답했다.

"걔는 앞에 있는 학생을 자꾸 꼬집거든요."

남자는 이렇게 꼬집고 문제를 만든다. 말썽꾼이 지도자가 된다. 머리가 좋은 선생님들은 가장 골치 아픈 아이를 반장이나 회장으로 뽑는다. 말썽꾼을 반장의 지위에 놓으면 말썽꾼은 에너지를 말썽을 일으키는 데에서 선생님을 돕는 데로 옮겨 쓴다. 그리고 학생들을 휘어잡아 수업 분위기를 만든다.

세상의 정치가를 보라. 한 정당이 정권을 잡으면 다른 정당은 계속 문제를 일으킨다. 개혁 국회위원이었던 사람들이 정권을 잡고 국가질서를 바로 잡으려고 애쓰다가, 정권을 잃고 야당이 되면 문제를 일으키기 시작한다. 야당은 정권을 잡으면 언제 그랬냐는 듯이 문제를 일으키던 시절은 잊고 국가질서의 수호자가 된다.

그들은 하나같이 문제아들이다.

남자는 모두 문제아들이다. 그래서 남자는 권력을 휘두르고 세상을 지배한다. 설령 권력을 잡은 사람도 마음속 깊이 들여다보면 삶의 소중한 것들을 놓친다. 자신을 내맡기고 여성성을 회복하지 않으면, 저항과 투쟁심을 내려놓지 않으면 참다운 삶과 그 축제를 알 수 없다.

이런 이야기를 들은 적이 있다.

한 미국 과학자가 노벨물리학상 수상자인 보어(Bohr, Niels, 1885~1962), 덴마크 물리학자로 1922년 원자구조론 연구 업적으로 노벨물리학상 수상_역주의 코펜하겐 사무실을 방문했다가, 보어의 책상 위쪽에 붙은 편자말굽에 대어 붙이는 'U'자 모양의 쇳조각_역주를 보고 놀랐다. 편자는 열린 쪽의 끝이 위로 향한 채 벽에 단단히 붙어 있었다. 위에서 행운이 내려오면 이를 흘리지 않고 잘 잡아둘 수 있도록.

미국 과학자는 불안한 웃음을 머금으며 보어에게 물었다.

"설마 교수님이 편자가 행운을 불러온다고 믿는 건 아니겠지요. 교수님같이 지성이 있는 분이 설마……."

보어가 껄껄 웃으며 말했다.

"그럼요, 나는 그런 건 믿지 않아요. 다 어리석은 미신일 뿐이죠. 그런데 선생께서 믿든 믿지 않든, 편자는 행운을 가져온다고 그럽디다."

조금만 더 깊이 들여다보라. 논리적인 마음 밑에 직관과 신뢰의 신선한 물이 흐르고 있다.

선은 자연스러운 흐름이며 무위의 길이요 직관의 길이다. 위대한 시인이기도 했던 잇큐(一休, 1394~1481), 일본 선사_역주선사는 이렇게 말했다.

"내게는 수천 리 떨어진 구름이 보이고 솔밭 사이로 흐르는 옛 음악이 들린다."

이것이 바로 선이다. 논리적인 마음으로 보면 수천 리 떨어진 구름이 보일 리 만무하다. 논리적인 마음은 먼지가 잔뜩 묻은 안경과 같다. 사상과 이론, 교리의 먼지가 잔뜩 묻은 안경 말이다. 사념 없이 맑고 순수한 직관과 각성의 눈으로 보면 수천 리 떨어진 구름도 보인다. 존재의 거울은 맑고 밝아야 한다. 보통의 논리적인 마음으로 들으면 솔밭 사이로 흐르는 옛 음악이 들리지 않는다. 그런 마음으로 어떻게 옛 음악을 들을 수 있겠는가? 지나간 음악은 영원히 돌아오지 않는다.

잇큐의 노래는 맞다. 나도 솔밭 사이로 흐르는 옛 음악을 들었다. 그대도 들을 수 있다. 그러려면 변화, 존재의 변용이 있어야 한다. 존재가 변용되면 붓다가 설법하는 것을 보고 들을 수 있다. 솔밭 사이로 흐르는 옛 음악을 들을 수 있다. 그것은 영원에서 흘러나오는 음악이기 때문이다. 사람들은 들을 귀를 잃어버렸다. 음악은 영원하다. 들을 귀만 다시 찾으면 항상 거기 있던 음악이 흘러나온다.

지금 여기 있으라. 그러면 수천 리 떨어진 구름이 보이고 솔밭 사이로 흐르는 옛 음악이 들려온다.

점점 우뇌 쪽으로 옮겨가라. 여성성을 찾으라. 사랑하고 헌신하고 신뢰하라. 전체계로 가까이 다가가라. 섬이 되려고 하지 마라. 대륙이 돼라.

지식은 무겁고 지성은 전체적이다. 지식은 꾸어온 것이요, 지성은 자신의 것이다. 지식은 논리적이고 이성적이며, 지성은 논리 이상의 것이다. 지성은 초논리적이요 직관적이다. 지적인 사람은 논쟁을 무기로 이용한다. 물론 논쟁을 통해 여러 가지를 얻을 수 있을 것이다. 하지만 논쟁의 세계를 넘어가야 직감의 세계를 찾을 수 있다.

이성으로 연구하는 과학자들조차도 이성이 작용하지 않는 경지에 도달하기도 한다. 직감이 일어나고 직관의 섬광이 번쩍이고 미지의 세계에서 빛이 내리는 경지에 도달하기도 한다. 지적인 것만이 모든 것이 아니다. 지식 너머의 세계도 존재한다는 것을 인정하며 지식의 세계 속으로 깊숙하게 들어가면 어느 날 빛이 내려온다. 이 빛은 그대의 것이 아니다. 그러면서 이 빛은 다른 누구의 것도 아니므로 그대의 것이다. 빛은 내면 가장 깊은 곳의 중심에서 나온다. 자신의 내면에 있는 직관의 중심이 어디 있는지 모르기 때문에 빛이 저 너머의 세계에서 오는 듯이 보이는 것이다.

산스크리트어 사두마티Sadhumati는 참 아름다운 말이다. 사두는 성자를 , 마티는 지성을 뜻한다. 따라서 사두마티는 성자의 지성, 혹은 지혜라는 말이다. 그것은 범용한 지성이 아니라 성자의 지성이다. 세상에는 논리적이기는 하지만 사리를 분별할 줄 모르는 사람들이 있다. 사리를 아는 사람은 비논리적인 것도 수용한다. 비논리적인 세계도 존재함을 안다. 논리적인 사람은 비논리의 세계가 존재함을 깨닫지 못한다. 그는 논리와 머리만의 세계를 믿을 뿐이다.

세상에는 논리로 증명할 수 없는 것들이 존재한다. 세상 사람들 모두 이를 안다. 사랑은 존재한다. 그러나 아무도 사랑이 무엇인지, 사랑이 존재하기나 하는지를 여실하게 입증할 수 없다. 하지만 사랑의 존재를 의심하는 사람은 아무도 없다. 사랑의 존재를 거부하는 사람조차도, 논리의 세계 너머에는 아무것도 존재하지 않는다고 믿는 사람조차도 사랑에 빠진다. 논리 신봉자가 사랑에 빠지면 당황하며 죄의식을 느낀다.

여하튼 사랑은 존재한다.

가슴이 충족되지 않으면 그 어떤 지식도 인간에게 행복을 안겨줄 수 없다. 인간에게 머리와 가슴은 양극이다.

지성은 타고난 지각능력이다. 아이들은 태어날 때 지성이 넘치지만 사회에 의해 우둔해진다. 사회는 아이를 교육시켜 우둔한 존재로 만든다.

지성은 숨쉬거나 보는 것처럼 자연스러운 현상이다. 지성은 직관으로 내면을 본다. 지성은 지식과 아무런 관련이 없다. 이 점을 명심하라. 지성과 지식을 혼동하지 말라. 둘은 서로 완전히 다른 두 극이다. 지식은 머리에서 나온다. 외부로부터 강요되고 주입된 것이다. 사람들은 지식을 갈고 닦는다. 본질적으로 지식은 타고난 것이 아니며 꾸어온 것이요 이물질이다.

지성은 타고난 것이다. 지성은 자신의 존재요 본성이다. 동물은 모두 지성적이다. 비록 지식은 없지만 지성은 있다. 나무도 지성적이요, 온 존재계도 지성적이요, 아이도 지성적으로 태어난다. 멍청한 아이를 본 적이 있는가? 멍청한 아이는 존재하지 않는다. 그러나 지성이 있는 어른은 찾아보기 힘들다. 무엇이 잘못되었을까?

어떤 친구가 재미있는 이야기를 보내왔다. 그 이야기를 모두에게 들려주고 싶다. 이야기의 제목은 '동물학교'이다.

어느 날 동물들이 숲 속에 모여 회의를 했다. 회의 결과, 학교를 열기로 했다. 숲 속에는 토끼, 새, 다람쥐, 물고기, 뱀장어 등등이 살고 있었는데, 이들이 이사회를 구성하기로 했다. 토끼는 교과과정에 '달리기'를 넣어야 한다고 주정했다. 새들은 '날기' 과목이 있어야 한다고 주장했다. 물고기는 '수영'이, 다람쥐는 '나무타기'가 필수과목으로 들어가야 한다고 주장했다. 그래서 동물들은 모든 것을 교과과정에 넣기로 합의했다. 결국 모든 동물은 모든 과목을 배워야 했다.

토끼는 달리기에서 '수'를 받았지만 나무타기에서는 고전을 면치 못했다. 나무타기에서 토끼는 자꾸만 미끄러졌다. 어느 날 토끼는 나무타기를 하다가 미끄러져 머리를 다친 뒤, 달리기조차 제대로 할 수 없게 됐다. 그래서 달리기에서는 '미'를, 나무타기에서는 '가'를 받았다. 새는 날기 과목에서는 뛰어난 소질을 보였지만 땅파기 과목에서는 기를 펴지 못했다. 새는 땅파기 수업에서 부리와 날개 여기저기를 다쳤다. 그러다 이내 새는 날기 과목에서 '미'를, 땅파기에서 '가'를 받았을 뿐 아니라 나무타기 과목은 정말 괴로운 시간이 되었다.

하여 학교를 졸업할 때 모든 과목에서 중간을 겨우 유지한 뱀장어가 수석을 차지했다. 모든 학생이 모든 수업을 이수하자 선생들이 모두 기뻐했다. 이것이 흔히 말하는 평준화교육이다.

참으로 우스운 이야기이지만 세상이 이렇고 세상 교육이 이렇다. 우리는 모든 사람들을 평준화시키려고 한다. 그래서 많은 사람들의 가능성과 잠재력을 파괴한다.

타인을 모방하면 지성은 죽는다. 자신의 지성을 유지하고 싶은 사람은 모방하려는 마음을 버려야 한다. 다른 사람이 하는 대로 따라하면 지성은 죽는다. 어떻게 하면 다른 사람처럼 될 수 있을까라고 생각한 순간부터 지성의 세계에서 추락하여 우둔함의 세계로 떨어진다. 자신을 타인과 비교하는 순간부터 자연이 부여한 가능성을 상실한다. 그런 사람은 행복해질 수 없다. 맑고 밝을 수 없다. 맑은 눈을 잃고 밝은 눈을 상실한다. 그리고나서 다른 사람의 눈을 빌려온다. 어떻게 다른 사람의 눈으로 세상을 볼 수 있는가? 세상을 맑고 밝게 보려면 자신의 눈이 있어야 한다. 걸으려면 자신의 다리가 있어야 하고 맥박이 고동치기 위해서는 자신의 심장이 있어야 한다.

사람들은 빌려온 삶을 산다. 그래서 그들의 삶은 불구가 된다. 그래서 우둔하게 보인다.

세상 교육은 완전히 달라져야 한다. 학교에서는 시인의 자질을 가지고 태어난 학생이 수학으로 인해 그 자질을 망치고 수학 분야에 천재성을 가진 아이가 역사를 외우느라 자신의 참소질을 잃어버린다. 모든 것이 뒤죽박죽된다. 세상 교육은 인간의 본성을 거스르기 때문이다. 세상 교육은 개인을 존중하지 않는다. 모두를 일정한 틀에 집어넣고 찍어낸다. 일부가 세상의 틀에 맞을지 모르지만 대부분의 사람은 자신을 상실하고 불행 속에서 산다.

세상에서 가장 불행한 사람은 자신이 어리석고 무가치하고 쓸모없다고 생각하는 사람이다. 어리석게 태어나는 사람은 없다. 인간은 모두 존재계에서 나오기 때문이다. 존재계는 순수 지혜 자체다. 우리는 세상에 나올 때 피안의 맛과 향기를 가지고 온다. 우리가 세상에 나오자마자 사회가 달려들어 우리를 자르고 깎고 변화시키고 가르치고 주입하고 조작한다. 그러면 우리는 이내 자신의 본래 모습을 상실하고 만다. 사회는 구성원 모두가 순종적이고 착한 사람이 되기를 바란다. 때문에 인간의 지성은 파괴되고만다.

이런 사회는 일종의 감옥이다. 우리는 이 감옥에서 빠져나와야 한다. 우리는 이 감옥에 너무 익숙해져 있기 때문에 빠져나오는 일이 여간 어렵지 않다. 옷을 벗듯 할 수 있는 것이 아니다. 이 감옥은 옷이 아니라 인간의 피부가 되었다. 그렇게 장구한 세월 동안 사회라는 감옥 속에서 산 것이다. 감옥 속에 있는 나를 참된 나라고 여기기 때문에 감옥에서 빠져나오는 일이 매우 어렵게 되었다. 그러나 자신의 참존재를 알고 싶은 사람은 감옥을 떨쳐내야 한다.

지혜로운 자는 반역자가 된다. 반역의 사람만이 지혜롭다. 여기서 반역이란 무슨 뜻인가? 반역이란 자신의 의지와 상관없이 사회가 나에게 주입한 모든 것을 과감히 벗어던지는 것이다. '나는 누구인가?'를 찾아가는 것이요 처음부터 다시 시작하는 것이다. 지금까지 우리는 사회가 주입하는 것을 맹목적으로 따라 함으로써 자신의 인생을 모두 허비했다.

어떤 사람도 다른 사람과 비슷하지 않다. 한 사람 한 사람이 모두 독특하다. 지성의 본성 또한 그렇다. 자신을 다른 사람과 비교하지 말라. 나는 나고 너는 너일 뿐이다. 나는 어느 누구와도 비슷하지 않으며, 그래서 비교는 가능하지 않다.

우리는 항상 비교하라는 교육을 받았다. 직접적으로나 간접으로, 의식적으로나 무의식적으로 인간의 삶은 비교하는 삶이다. 비교하는 사람은 결코 자신을 존중할 수 없다. 누가 나보다 아름답고, 누가 나보다 크고, 누가 나보다 건강하고, 누가 나보다 노래를 잘 부르고……. 여기서 누구는 사물일 수도 있다. 이렇게 비교하는 삶은 참으로 무겁고 답답한 삶일 것이다. 세상을 살다보면 수없이 많은 사람들을 만난다. 이렇게 많은 사람들과 자신을 비교하면 숨이 막힐 것이다.

인간은 활짝 피어나고 싶은 아름다운 영혼이 있는 아름다운 존재다. 하지만 인간은 이를 자각하지 못한다.

어깨에 진 짐들을 내려놓으라. 그리고 자신의 순수성을 되찾으라. 다시 어린아이가 돼라. 예수는 말한다.

"거듭나지 않으면 하느님 나라에 들어갈 수 없다."

맞는 말이다. 다시 말하거니와 다시 태어나지 않으면…….

자신에게 주입된 쓰레기는 모두 버려라. 심신을 새롭게 하고, 처음부터 다시 출발하라. 그러면 놀랍게도 지성과 지혜가 끊임없이 우러나온다. 그렇게 우러나오는 지성이야말로 참지성이다. 어리석음이란 무엇인가? 타인을 따르고 모방하고 맹종하는 것, 타인의 눈으로 보고 타인의 지식을 맹종하는 것, 이것이 어리석음이다.

그래서 학자는 어리석은 사람이다. 그는 이전 사람들의 지식을 되풀이하는 앵무새다. 녹음기다. 아주 능숙하게 되풀이하지만 느닷없이 책에 없는 새로운 상황이 생기면 어찌할 바를 모른다. 학자에게서는 지성을 찾아볼 수 없다. 지성이란 순간순간 변하는 삶에 반응을 보이는 능력이다. 프로그램에 따라 기계적으로 반응하는 것이 아니다.

지성이 없는 사람들은 프로그래밍에 따라 움직인다. 그들은 삶을 두려워한다. 그들은 있는 그대로의 삶에 맞설 만한 지성이 없음을 안다. 그래서 반복훈련을 통해 준비한다. 미래의 질문에 대한 대답을 준비한다. 이것을 보면 그들이 얼마나 어리석은지 알 수 있다. 의문과 문제는 끊임없이 변한다. 매일같이 새로운 문제와 도전이 생기고 매 순간 의문이 생긴다. 그럼에도 불구하고 머릿속에 미리 답을 만들어 놓으면 새로 생기는 의문에 제대로 적응할 수 없다. 마음은 이미 만들어 놓은 해답으로 가득 차 문제를 제대로 듣지 못한다. 그런 사람은 새로운 상황에 열려 있지 않다. 하는 것마다 이미 준비한 답, 그러나 현실과는 아무런 관계가 없는 답에 따라할 것이다.

지성은 아무런 준비 없이 현실과 관계한다. 미리 준비하지 않고 맞이하는 삶에는 엄청난 아름다움이 있다. 그런 삶 속에는 새로움과 젊음이 있고 생기와 자연스러움이 있다. 매 순간이 경이로움의 연속이다. 경이로 넘쳐나는 삶에는 권태가 뿌리를 내릴 수 없다.

어리석은 사람의 삶은 항상 권태롭다. 그가 다른 사람에게서 주워 듣고 그 스스로가 되풀이하는 답 때문에 권태로울 수밖에 없다. 지식으로 가득찬 눈으로는 실재를 볼 수 없기 때문이다. 하나도 알지 못하면서 모든 것을 안다고 생각한다. 지적일 뿐, 지혜롭지 않다. 그는 장미꽃을 볼 때도 장미꽃을 보지 못한다. 책 속에서 읽은 장미, 시인들이 노래한 장미, 화가가 그린 장미, 철학자들이 토론한 장미 따위를 본다. 수많은 지식과 정보와 기억이 그의 눈을 가린다. 그 앞에 놓인 장미는 그의 기억과 정보의 홍수로 인해 사라진다. 단순한 장미꽃조차 있는 그대로 보지 못한다. 그리고 수없이 되풀이한 말을 또 되풀이한다. "이 장미꽃 아름답다." 이 말은 그의 내면에서, 가슴에서 나오는 진실한 말이 아니다. 누군가로부터 주워들은 말을 그는 녹음기처럼 재생한다.

어리석음은 반복하는 것이요 다른 사람을 무작정 따라하는 것이다. 쉽다. 배울 필요가 없기 때문에 쉽다. 배우는 데는 힘이 든다. 배움에 뛰어드는 용기가 필요하다. 배우겠다는 것은 겸손하겠다는 뜻이다. 언제든지 옛것을 버리고 새것을 취하겠다는 뜻이다. 배움 자체를 위해서는 언제든지 에고를 내려놓겠다는 뜻이다.

배움이 어디로 인도할지 우리는 모른다. 예언도 예측도 할 수 없다. 배우는 자의 삶은 예측 불가능하게 흐른다. 자신도 내일 무슨 일이 일어날지, 어디로 갈지 모른다. 그는 지식으로 살지 않는다. 지식 없이 살아야 참다운 배움이 일어난다.

그래서 아이들은 참으로 훌륭하게 배운다. 그러나 아이들은 어른이 되면서 배움을 멈추고 지식을 쌓는다. 모방하고 되풀이하는 것이 쉽기 때문이다. 정해진 패턴을 따라가는 일은 쉽고 간단하다. 같은 원을 빙빙 도는 일이다. 그러면 권태가 자리를 잡는다. 어리석음과 권태는 항상 같이 간다.

지혜로운 사람은 아침 햇살의 이슬처럼 신선하고 밤하늘의 별처럼 영롱하다. 지혜로운 이에게서는 산들바람처럼 상쾌한 향기가 난다. 지성은 매 순간 다시 태어난다. 과거에 죽는 것이요, 현재에 사는 것이다.

머리에서 나오는 지혜는 지혜가 아니다. 그것은 학식이다. 가슴에서 나오는 지혜야말로 참지혜다. 머리는 단순히 지식을 긁어모을 뿐이다. 긁어모으는 것들은 옛것이지, 새것이나 창조적인 것이 아니다. 세상일을 하는 데는 머리에 쌓은 지식이 필요하다. 참으로 유용하다. 머리에 담은 기억도 필요하다. 마음과 머리는 생체 컴퓨터다. 계속 정보를 저장해서 필요할 때마다 꺼내 쓴다. 이것은 수학이나 계산, 일상생활, 경제생활에 필요하다. 그러나 생체 컴퓨터와 같은 일이 자기 인생의 전부라고 생각하면 어리석음을 벗어날 길이 없다. 느낌의 아름다움을 알 길이 없고, 가슴의 축복을 체험할 길이 없다. 가슴을 통해 내려오는 은총을 알 수도 없고, 가슴을 통해 들어오는 신성神性을 알 수도 없다. 기도도, 시도, 사랑도 알 수 없다.

가슴에서 우러나오는 지혜는 삶의 시를 짓고, 발걸음이 춤이 되게 하고, 삶을 기쁨과 찬미, 축제, 웃음으로 변형시킨다. 유머가 넘치게 한다. 서로 사랑하고 나눌 수 있게 한다. 이것이 바로 참다운 삶이다. 머리로 사는 삶은 기계적인 삶이다. 일을 잘할 수 있을지 모르지만 로봇과 같이 메마른 삶이다. 머리로는 돈을 많이 벌지 모르지만 삶을 제대로 살지 못한다. 생활 수준은 높을지 모르지만 삶에 향기가 나지 않는다.

삶이란 가슴으로 살아야 한다. 가슴의 밭에서 삶은 제대로 성장한다. 가슴의 밭에서는 사람이 자라고, 삶이 자라고, 신성이 자란다. 아름다운 것, 소중한 것, 의미 있는 것 등의 모든 것은 가슴에서 나온다. 가슴이야말로 인간의 중심이다. 머리는 주변부다. 머리로 사는 것은 중심의 아름다움과 보물을 모르는 채 주변에 머무른다. 주변부에 머무는 것은 참으로 어리석은 일이 아닐 수 없다.

머리로 삶을 사는 것은 어리석다. 머리는 필요할 때 사용하면서 가슴으로 사는 것이 지혜로운 삶이다. 주인은 존재의 중심에 있다. 가슴이 주인이요 머리는 하인으로 사는 것, 이것이 지혜로움이다. 머리가 주인이 되고 가슴에 대해서는 모두 망각하는 것, 이것은 어리석음이다.

선택은 각자에 달려있다. 머리가 하인이 되어 기능하면 아름답고 훌륭하지만 주인이 되면 위험하다. 인생 전체가 머리의 인생이 될 것이다. 주위를 둘러보라! 사람들의 삶은 온통 병들어 있다. 머리에 의해 중독되어 있다. 머리로 인해 병든 사람들은 삶을 느끼지 못한다. 느낌이 둔감해진 그들은 무엇을 봐도 감동하지 않는다. 일출을 보고도 시큰둥하다. 공허한 눈으로 본다. 밤하늘에 별들이 신비롭고 찬란해도 그들의 가슴에서는 아무런 울림도 일어나지 않는다. 새는 여전히 노래를 부르지만 인간은 노래를 잊어버렸다. 구름이 하늘을 떠다니고 공작이 춤을 추지만 인간은 춤을 알지 못한다. 인간은 불구가 되었다. 나무는 꽃을 피우고 열매를 맺는다. 하지만 인간은 생각만 할 뿐, 나무의 꽃 피어남과 열매 맺음을 느끼지 못한다. 느끼지 못하는 인간은 결코 꽃을 피울 수도 열매를 맺을 수 없다.

그대의 삶을 보라. 살펴보고 관찰해 보라. 도와줄 수 있는 사람은 없다. 그대는 너무나 오랫동안 타인을 의지했다. 그렇게 하여 어리석은 삶을 살았다. 이제 정신을 차릴 때다. 책임은 자신이 져야 한다. 자신의 삶을 어떻게 다루어 왔는지 깊게 꿰뚫어봐야 한다. 가슴에 시가 떠오르는가? 떠오르지 않는다면 시간을 낭비하지 말라. 가슴으로 하여금 시를 노래하게 하라. 자신의 삶에 낭만이 없는가? 만약 삶에 낭만이 없다면 그는 이미 죽은 사람이다. 세상이라는 무덤 속에서 살 뿐이다.

무덤에서 나오라. 삶에 낭만의 향기를 부으라. 모험의 빛깔을 칠하라. 탐험하라! 헤아릴 수 없는 아름다움과 찬란함이 기다리고 있다. 왜 주변을 떠도는가? 삶의 신전 안으로 들어가라. 신전의 문은 어디에 있는가? 가슴에 있다.

생각에서 느낌으로 가야 한다. 이를 명심하라. 느낌은 내면의 직관에 다가가지만 생각은 직관의 세계에서 멀어져 간다. 직관은 외부로부터 배워서 알 수 있는 것이 아니다. 직관은 내면에서 저절로 피어난다. 학교도 대학교도 아무도 직관을 가르쳐 줄 수 없다. 아무런 가르침 없이도 내면에서 절로 폭발하는 것, 이것이 직관이다. 온 세상을 떠돌 필요 없다. 자신의 내면으로 들어가기만 하면 된다.

느낌은 직관에 근접해 있다. 나는 불가능한 것을 말하지 않는다. "다만 직관이 돼라." 아니다. 그것은 지금 가능하지 않다. 지금은 생각에서 느낌으로 옮아갈 수 있다면 그것으로 족하다. 그때 느낌에서 직관의 세계로 나아가는 일이 한결 쉬워진다. 그러나 생각에서 직관의 세계로 곧장 가는 일은 대단히 어렵다. 둘은 양극단이다. 느낌이 중앙에 있다. 느낌은 생각과 직관 사이, 정중앙에 있다. 느낌에서 이쪽 길로 가면 생각이요 저쪽 길로 가면 직관의 세계이다.

느낌의 세계에서 생각과 직관이 만난다. 느낌의 세계에는 사념적인 요소와 직관적인 요소가 공존한다.

그대, 자신을 이완하라

과학의 위대한 업적은 모두 직관에서 나왔다. 지능에서 나온 것이 아니다. 아르키메데스(Archimedes, 287(?)-212 B.C.), 고대 그리스의 수학자이자 물리학자, 발명가_역주에서부터 아인슈타인에 이르기까지 인류 과학사의 위대한 발견과 발명은 모두 직관의 세계에서 나왔다.

아르키메데스의 일화는 널리 알려져 있다. 그의 위대한 발견은 어느 날, 탕 속에서 쉬다가 불현듯 떠올랐다. 그는 왕이 내준 과제로 인해 여러 날 고민을 거듭했다. 왕은 금으로 만든 왕관이 순금으로 만들어진 것인지 아니면 불순물이 섞인 것인지를 알아보라고 아르키메데스에게 시켰다. 왕관의 모습을 그대로 유지한 채 알아내야 했다. 어떻게 왕관이 순금으로 만들었는지 아닌지를 알 수 있단 말인가? 아르키메데스는 밤낮으로 열심히 연구했다. 해결책은 보이지 않았다.

그러다가 섬광이 일어났다.

욕조에는 물이 가득했다. 아르키메데스가 욕조에 들어가자 물이 밖으로 흘러넘쳤다. 이때 섬광처럼 그에게 한 가지 생각이 떠올랐다. '욕조 밖으로 흘러나간 물은 나의 몸무게와 어떤 관련이 있을 거야.' 다시 또 다른 생각으로 이어졌다. '물이 가득한 욕조에 금을 넣으면 일정량의 물이 흘러넘치겠지. 금의 양만큼 말이야.'

이번에는 그의 마음이 기쁨으로 넘쳐흘렀다. 그는 너무 기쁜 나머지 벌거벗은 자신의 모습을 망각하고 거리로 뛰쳐나갔다. 그리고 소리를 질렀다. "유레카, 유레카!(알았다, 알았어!)"

이것은 지적인 논리를 통한 결론이 아니라 직관에서 우러나온 것이다.

아인슈타인도 몇 시간 동안 욕조에서 피로를 풀곤 했다. 어쩌면 아르키메데스 때문일지도 모를 일이다. 인도가 낳은 위대한 지식인인 람 마노하르 로히아Ram Manohar Lohia 박사가 일전에 아인슈타인을 만난 이야기를 해준 적이 있다. 로히아 박사는 참으로 보기 드물게 정직한 정치가요 깊은 통찰력과 혜안을 지닌 천재였다. 그는 독일에서 유학을 했기 때문에 아인슈타인을 아는 친구들이 많았다. 가까운 친구 한 명이 아인슈타인과의 만남을 주선해주었다. 로히아 박사는 정확히 약속 시간에 맞추어 갔지만 아인슈타인은 나타나지 않았다.

아인슈타인의 아내가 이렇게 전했다.

"기다리셔야겠어요. 그분은 지금 욕조에 있는데 언제 나올지는 저도 모르거든요."

반 시간이 지나고 한 시간이 지났다.

로히아 박사가 아인슈타인의 아내에게 다시 물었다.

"얼마나 더 걸리겠습니까?"

그녀가 대답했다.

"아무도 몰라요."

"그 안에서 뭘 하는데요?"

"비누 거품과 놀지요."

"뭐라고요?"

"답이 떠오르지 않는 문제를 푸는 시간이 바로 그때예요. 문제에 대한 통찰을 얻는 곳은 항상 욕조에서지요."

왜 욕조에서인가? 욕조에 들어가면 누구나 이완하기 때문이다. 이완이 명상의 기본이다. 뜨거운 물에 혼자 고요히 누워 있으면 몸이 이완되고 긴장이 풀린다. 서양의 욕실을 보면 대단히 훌륭한 데가 있다. 어떤 사람들은 욕실에 작은 거실을 따로 마련해 놓기도 한다. 너무나 훌륭해서 명상이 저절로 일어날 지경이다. 역사의 위인들은 그런 명상적인 분위기에서 영감을 받았다. 욕조는 영감의 터전이다. 세상의 위대한 과학자들은 전부 그렇게 말한다. 몇 년 동안 풀리지 않는 문제로 고심하던 중, 욕조에 누워 쉬고 있자 난데없이 영감이 떠오른다. 이것은 결론이 아니다. 결론과 같은 성질의 것이 전혀 아니다.

　과학의 위대한 발견은 명상 상태에서 나온다. 마음에서 나오는 것이 아니다. 마음에서 나오는 것은 과학이 아니라 기술이다. 기술은 과학의 응용일 뿐이다. 기술은 영감이 아니다. 기술은 마음에서 나온다. 마음도 일종의 기계이기 때문이다. 생물학적인 기계 말이다. 그러므로 마음에서는 기계적인 것이 나온다. 그 어떤 직관도 마음에서 나오지 않는다. 컴퓨터에서 직관이 나올 수 없는 법이다. 직관은 피안_{彼岸}에서 온다. 마음은 인간 존재의 껍질일 뿐이다. 직관은 인간 존재의 중심에서 나온다. 인간이 존재의 중심에 가는 길이 곧 명상이다.

　내가 ‘마음은 잘못된 자리’라고 말하는 것은 마음과 자신을 동일시하지 말라는 말이다. 마음이 되지 말라. 인간은 마음보다 훨씬 큰 존재다. 마음은 인간의 존재 안에 있는 작은 기계일 뿐이다. 마음을 이용하되, 마음과 동일시하지 말라. 이것은 내가 차를 운전하는 것은 차를 이용하는 것이지 ‘나는 차’라고 생각하지 않는 이치와 같다. 마음과 동일시는 그릇된 상황을 만든다. ‘나는 마음이다.’라고 생각하는 사람은 그릇된 세계에 놓인다. ‘나는 마음이 아니라 마음의 주인으로 마음을 이용한다.’고 하는 사람에게 마음은 훌륭한 기계가 된다. 기계의 역할을 훌륭하게 수행한다.

　종교성이 무심에서 나오듯 과학도 무심에서 나온다. 종교와 과학의 근원은 다르지 않다. 둘은 같은 근원에서 나온다. 둘 다 영감과 직관을 바탕으로 하기 때문이다.

　기술은 마음에서 나온다. 요가와 만트라_{Mantra, 진언(眞言). 기도나 명}

 등의 종교적인 기술 또한 마찬가지다. 요가에서는 특정한 몸의 자세를 만들어 내면으로 들어간다. 각각의 자세는 모두 마음이 만든 것이다. 이것은 종교적인 기술이다. 그래서 요가는 어느 특정 종교에 속하지 않는다. 기독교 요가가 있을 수 있고, 힌두교, 불교, 자이나교 요가가 존재할 수 있다. 세상에는 수많은 요가가 있을 수 있다. 요가는 하나의 기술이다. 세상에는 힌두교 기계가 따로 있고 이슬람 기계가 따로 있는 것이 아니다. 기계는 다만 기계에 불과하다. 요가도 기술이요 만트라도 기술이다. 마음이 만들어낸 기술이다. 만트라의 어원은 마음Mind의 어원과 같다. 둘 다 산스크리트어의 만Man에서 왔다. 산스크리트어 '만'의 한 줄기가 마음이 되었고 다른 줄기는 만트라가 되었다. 과학기술도 마음에서 나온 것이요 종교기술 역시 마음에서 나온 것이다. 신전과 모스크, 교회, 기도, 경전을 비롯한 모든 종교의식도 마음이 지어낸 것이다.

보리수 아래 앉아 있는 붓다는 마음에서 아무것도 떠오르지 않음을 깨달았다. 완전히 깨달았다. 붓다가 깨달은 것은 마음에서 나온 것이 아니라 저 너머의 세계에서 온 것이었다. 그것은 나와 아무런 관계가 없다. 에고와 마음, 몸 등과도 아무런 관계가 없다. 완전히 순수하고 정결한 것이다. 영원이다. 붓다의 마음이 완전히 쉬는 순간 저 너머의 세계가 붓다 속으로 들어왔다. 그리고 그는 신이 되었다.

붓다는 7일 동안 침묵했다. 그 체험은 너무나 거대한 것이어서 말 한 마디도 할 수 없었다. 전해오는 이야기에 따르면, 붓다가 계속 침묵을 지키자 하늘의 천신이 당황했다고 한다. 사람이 깨달은 붓다가 되는 것은 참으로 드문 일이다. 그런 붓다가 침묵하면 어둠 속에서 고통받고 헤매는 사람들을 누가 가르친단 말인가? 이것은 물론 아름다운 전설이기는 하지만 거기에 내포된 뜻은 깊다. 천신들이 하늘에서 내려와 붓다에게 경배를 드리며 말했다.

"말을 하십시오. 당신이 성취한 것을 세상 사람들에게 전하십시오."

그리하여 붓다는 말을 했다고 한다. 붓다의 말은 마음에서 나온 것이다. 깨달음은 침묵 속에서 일어났지만 이를 전하려면 말이라는 도구를 사용해야 한다. 이 말들은 마음의 세계에 속한 것이다.

내가 깨달은 것은 마음 너머의 것이요, 내가 말하는 것은 마음에 속한 것이다. 내가 사용하는 말은 마음의 것이지만 나의 깨달음은 마음의 것이 아니다.

내면의 인도자를 발견하라

누구에게나 내면에 인도자가 있지만 사람들은 이 인도자를 찾지 않는다. 수많은 생을 거듭하면서 너무나 오랜 세월, 내면의 인도자를 찾지 않았기 때문에 자신의 내면에 인도자가 존재하는지 여부조차 모른다.

일전에 카스타네다Castaneda, Carlos, 멕시코 야키족 샤먼의 약물로 유발된 환상에 관한 책을 써서 베스트셀러 작가가 된 인류학자. 그는 샤먼을 돈 후안 마토스(Don Juan Matos)라고 불렀음_역주의 책을 읽은 적이 있다. 이 책에서 스승인 돈 후안이 카스타네다에게 훌륭한 수련법을 일러준다. 이것은 역사적으로 오래된 수련법이다. 불빛 한 점 없는 칠흑같이 어두운 밤의 산길에서 스승 돈 후안은 이렇게 말한다.

"네 안에 있는 내면의 인도자를 믿고 여기서 뛰어라."

나무와 덤불, 낭떠러지 등이 무수한 산길에서 뛴다는 것은 위험하다. 잘못 넘어져 부상을 당하거나 목숨이 위태로울 수도 있다. 그곳은 심지어 대낮에도 조심해서 걷지 않으면 안 되는 곳이다. 카스타네다는 어둠밖에는 아무것도 볼 수 없다. 그럼에도 불구하고 스승이 "걷지 말고 뛰어라."고 말하는 것이 아닌가!

카스타네다는 자신의 귀를 의심하지 않을 수 없다. 이것은 완전히 미친 짓이다. 두려움이 그를 엄습한다. 그러나 스승이 뛰는 것이 아닌가! 스승은 야생동물처럼 뛰어다니다가 제자리에 돌아온다. 카스타네다는 이해가 되지 않는다. 스승은 칠흑같이 어두운 산길을 뛰어다닐 뿐 아니라 정확히 카스타네다가 있는 곳으로 되돌아온다. 스승은 어둠을 꿰뚫어보고 있는 것처럼 보인다. 스승이 여러 번 시범을 보여주자 카스타네다에게도 점점 용기가 솟아오른다.

'이 늙은이가 이렇게 잘하는데 왜 나라고 안 되겠는가?'

그는 뛰기 시작한다. 서서히 내면에서 인도의 빛이 보이기 시작한다. 인도의 빛이 완전하게 보이자 아무런 걸림 없이 뛰기 시작한다.

생각이 멈출 때만 인간은 참으로 존재한다. 생각을 멈추는 순간 내면의 세계가 나타난다. 생각을 하지 않으면 모든 것은 자연스럽게 흘러간다. 내면의 인도자가 인도하는 것처럼.

그러나 사람들은 머리로 먼저 간다. 내면의 인도자가 "가라!"고 해도 머리로 이해한 다음 실행에 옮기려고 한다. 그러면 벌써 기회는 달아나고 없다. 우리에게 기회가 오면 여기에는 두 가지 가능성뿐이다. 오는 기회를 잡든가, 아니면 그 기회를 놓치든가. 머리에는 시간이 필요하다. 생각하고 숙고하고 사색하는 동안 기회는 달아난다. 삶은 우리를 기다리지 않는다. 우리는 순간순간 살아야 한다. 선객처럼, 무사처럼 살아야 한다. 검으로 싸우는 무사는 생각을 하지 않는다. 우리는 생각 없이 기회를 붙잡아야 한다.

선사는 명상의 방편으로 검을 사용한다. 일본에서는 두 명의 선사가 검을 가지고 싸우면 결론이 나지 않는다고 한다. 어느 쪽도 이기거나 패하지 않는다. 둘 다 생각을 하지 않기 때문이다. 그들은 검을 손에 쥐고 있을 뿐 아니라 생각 없는 내면의 인도자도 손에 쥐고 있다. 상대가 공격하기도 전에 내면의 인도자는 알고 방어한다. 상대가 나의 심장을 겨누고 있기 때문에 생각할 겨를이 없다. 단 한순간만 방심해도 상대의 칼은 나의 심장을 꿰뚫을 것이다. 무엇을 어떻게 할 것인가, 생각할 틈이 없다. '상대의 칼이 심장을 겨눈다.'는 생각과 동시에 방어의 생각이 일어나야만 한다. 두 생각 사이에 틈이 없어야 방어가 이루어진다. 그렇지 않으면 한순간에 저세상으로 갈 수 있다.

그래서 그들은 검도를 명상의 한 방편으로 가르친다.

"생각하지 마라. 순간순간 내면의 인도자와 함께하라. 내면의 존재에 자신을 내맡겨라. 마음이 들어오지 못하게 하라."

이것은 쉬운 일이 아니다. 우리는 마음에 너무 익숙해져 있기 때문이다. 각종 학교와 대학교, 모든 문화와 문명이 우리에게 머리만을 가르친다. 우리는 내면의 인도자와의 접촉을 상실했다. 모든 사람은 내면의 인도자와 더불어 태어나지만 사회는 내면의 인도자가 기능을 하지 못하도록 막는다. 내면의 인도자는 마비되었다. 우리는 이 인도자를 소생시켜야 한다.

머리로 생각하지 말라. 전혀 생각하지 말라. 있는 그대로 살라. 상황이 허락할 때마다 해보라. 처음에는 물론 어려울 것이다. 우리가 생각하는 습관에 너무 깊이 절어 있기 때문이다. 깨어 있으라. 생각하지 말고 마음에서 일어나는 것을 찬찬히 느껴보라. 처음에는 혼란이 일어난다. 느낌이 내면의 인도자에게서 오는 것인지, 아니면 마음에서 일어나는 것인지 확실하지 않다. 하지만 오래지 않아 느낌과 그 차이를 깨닫는다. 내면에서 오는 것은 단전에서 올라온다. 단전 쪽에서 올라오는 에너지의 흐름과 기운을 느낄 수 있다. 마음의 생각은 존재의 표피, 즉 머리에서 일어나 밑으로 내려간다. 마음이 결정하면 우리는 이를 밑으로 누른다. 내면의 인도자가 결정하면 무언가가 밑에서 위로 솟아오른다. 이것은 존재의 중심에서 떠올라 마음을 향해 간다. 마음을 통해 가지만 마음에 속해있지 않다. 이것은 피안에서 온다. 그래서 마음은 저 너머에서 무엇인가 나타나면 두려워한다. 이성이 이해하지 못하기 때문이다. 이것은 논리나 합리적인 과정을 거치지 않고 미지의 세계에서 솟아오르기 때문이다.

상황이 허락할 때마다 이 방법을 사용해보라. 산속에서 길을 잃었을 때도 이 방법으로 해보라. 생각하지 말라. 눈을 감고 앉아 명상하

라. 생각을 전혀 하지 말라. 생각해서는 아무런 도움이 되지 않는다. 생각을 해서는 아무런 해결책을 찾을 수 없음을 앎에도 불구하고 생각은 자동적으로 흘러간다. 그만큼 생각은 깊은 습濕이다. 이미 알고 있는 대상을 생각할 때 생각은 도움이 될 수 있다. 하지만 지도도 없고 물어볼 사람도 없는 산속에서는 아니다. 무엇을 생각한단 말인가? 하지만 그래도 사람은 생각한다. 사실 그것은 생각이 아니라 걱정이다. 걱정을 하면 할수록 우리는 내면의 인도자로부터 멀어져 간다.

그러므로 걱정하지 말라. 나무 아래에 앉아 생각이 가라앉는 것을 그대로 지켜보라. 기다려라. 생각하지 말라. 문제를 만들지 말라. 다만 기다려라. 생각이 없는 순간이 찾아오면 일어나 생활을 시작하라. 몸이 움직이는 대로 흐름에 내맡겨라. 지켜보는 자가 돼라. 참견하지 말라. 그러면 어렵지 않게 잃어버린 길을 찾을 수 있다. 마음이 참견하는 일을 허용하지 말라. 이것만 하면 된다.

이렇게 생각 없이 일어나는 경험이 여러 과학자들에게 일어났다. 과학자들은 인류사의 위대한 과학적 발견이 모두 마음이 아니라 내면의 인도자에 의해 이룩된 것이라고 말한다.

마음이 완전히 지쳐 더 이상 아무것도 할 수 없을 때 마음은 물러간다. 이때 내면의 인도자가 나타나 해결의 실마리를 제공한다. 인간 세포의 구조를 밝혀 노벨상을 수상한 사람은 사실 꿈속에서 세포구조를 보았다고 한다. 그는 인간 세포의 구조와 그 전모를 꿈속에서 생생하게 목격하고 다음 날 아침에 꿈속에서 본 것을 그렸다. 그러나 그는 세포구조가 왜 그래야 하는지 이해할 수 없었으며 이후 여러 해에 걸쳐 연구를 계속했다. 몇 년에 걸친 연구 결과, 그의 꿈이 정확했음이 밝혀졌다.

퀴리 부인에게도 이런 일이 있었다. 그녀는 내면의 인도자를 깨달았을 때 문제가 생길 때마다 내면의 인도자에게 의지하려고 시도했다. 어느 날 그녀는 문제가 풀리지 않자 잠을 잤다. 한숨 잘 자고 났지만 문제는 풀리지 않았다. 그렇게 여러 번을 시도했다. 문제가 생기면 곧바로 잠 속으로 들어갔지만 여전히 문제는 그대로였다.

먼저 지적인 노력을 완전히 소모해야 해결의 빛이 온다. 머리의 기능을 완전히 소진해야 한다. 그렇지 않으면 꿈속에서조차 생각이 활동을 한다.

이제 과학자들은 한결같이 위대한 발견이 모두 직관에서 나온 것이지 지적인 노력의 산물이 아니라고 말한다. 이와 같은 직관이 곧 내면의 인도자다.

머리를 내려놓고 내면의 인도자를 찾으라. 그대의 내면에 있다. 옛 경전들은 말한다.

"외부의 구루Guru, 영적인 스승_역주는 내면의 구루로 가는 길이다."

그뿐이다. 외부 구루가 내면의 구루를 찾는 데 도움이 되었다면 외부 구루의 역할은 거기에서 끝난다.

우리는 구루를 통해 진리에 도달할 수 없다. 우리는 외면의 스승을 통해 내면의 스승을 찾을 수 있을 뿐이다. 내면의 스승을 찾으면 이 스승이 진리로 인도한다. 외부 스승은 촉매의 역할을 할 뿐이다. 외부 스승은 제자의 내면의 인도자를 느끼고 안다. 내면의 인도자들은 같은 차원에서 같은 파장으로 존재하기 때문이다. 내가 내면의 인도자를 찾으면 그대 안에 있는 내면의 인도자도 볼 수 있다. 내가 그대를 참으로 인도한다면 그대를 그대의 인도자로 데려간다. 일간 그대가 내면의 인도자를 찾으면 나는 더 이상 필요 없다. 이제부터는 그대 홀로 나아가야 한다. 그대는 그렇게 할 수 있다.

제자가 머리에서 가슴으로, 이성에서 직관으로, 논쟁에서 신뢰로 나아가게 하는 것, 이것이 구루의 일이다. 이것은 비단 인간에게만 해당되는 일이 아니다. 짐승과 새, 나무 등 모든 것에 해당되는 일이다. 내면의 인도자는 존재한다. 거기에서 수많은 신비의 길이 열렸다.

이를 구체적으로 입증하는 여러 사례들이 존재한다. 예를 들어 자신의 근원을 찾아가는 물고기가 그렇다. 이 물고기 암컷은 알을 낳자마자 죽는다. 그러면 수컷이 알을 부화시키다가 죽는다. 알은 아버지, 어머니 없이 자라다가 드디어 부화한다. 새로 태어난 물고기는 자신의 아버지와 어머니에 대해 전혀 모른다. 자신의 고향이 어디인지도 모른다. 이 물고기는 바다의 특정 지역에서만 살지만 알을 낳을 때가 되면 아버지, 어머니가 떠난 고향을 찾아간다. 이것은 대를 이어가며 계속된다. 알을 낳을 때가 되면 어미 물고기가 출발한 강둑으로 먼길을 올라가 알을 낳고 죽는다. 부모와 자식 간에 대화가 없는데도 불구하고 자신은 부모가 나온 곳을 알고 찾아간다. 이 물고기들은 결코 길을 잃거나 헤메는 법이 없다. 이 물고기들을 다른 방향으로 유인하는 실험이 벌어지기도 했지만 실패했다. 단 한 번의 실수도 없이 정확한 곳에 도착했다. 내면의 인도자가 인도하는 것이다.

소련에서는 고양이나 쥐 등의 동물들을 대상으로 실험했다. 실험에서 어미 고양이와 새끼 고양이를 갈라놓았다. 새끼들을 바다 깊은 곳으로 데려갔다. 어미의 몸과 가슴에서 일어나는 변화를 측정하기 위해 다양한 형태의 도구를 어미 고양이에게 부착했다. 바다 깊은 곳에서 새끼 한 마리가 죽자 곧바로 어미가 그 사실을 알아챘다. 어미의 박동이 변한 것이다. 새끼가 죽자마자 어미의 심장 박동이 상승하면서 놀란 기색이 역력했다. 측정 도구는 어미가 심한 통증을 느끼고 있음을 보여주었다. 그리고 나서 잠시 후 모든 것이 정상으로 돌아왔다. 두 번째 새끼, 세 번째 새끼가 죽을 때도 같은 반응을 보였다. 바다 속에서 새끼가 죽은 정확한 시간에 어미는 반응을 보였다. 어떻게 이런 일이 가능할까?

과학자들은 어미에게 내면의 인도자 혹은 내면의 느낌이 있음을 인정해야 했다. 새끼가 어디에 있든 이 내면의 인도자는 새끼와 연결되어 있다. 그래서 어미는 새끼에게 일이 일어나면 즉각 텔레파시 신호를 받는다. 인간의 경우는 그렇지 못하다. 이론적으로 보면 인간이 동물보다 진화된 존재이기 때문에 인간이 더 민감하게 반응을 보여야 하지만 사실은 그렇지 않다. 인간의 경우는 머리가 작용을 하여 내면의 인도자가 제 기능을 하지 못하기 때문이다.

어떤 상황에 갇혀 막막하고 앞이 보이지 않을 때는 생각하지 말라. 다만 생각 없는 상태 속으로 깊이 들어가 내면의 인도자가 자신을 인도하게 하라. 처음에는 물론 불안하고 두려울 것이다. 하지만 오래지 않아 바른 결론, 바른 해결책에 도달할 것이고 용기와 신뢰가 배가될 것이다.

지혜는 가슴에서 나오지 머리에서 나오지 않는다. 지혜는 존재의 가장 깊은 곳에서 나오지 지식에서 나오지 않는다.

머리를 잘라 버려라. 머리 없이 살라. 존재가 인도하는 곳으로 흘러가라. 설령 그것이 나를 위험으로 인도한다 해도, 그것은 나와 나의 성장을 위한 길이 될 것이다. 존재를 따르라. 신뢰하라. 함께 가라.

행복을 기준으로 삼아라

직관으로 살면 항상 성공하는가? 아니다. 그러나 직관으로 사는 사람은 성공하든 그렇지 않든 항상 행복하다. 직관으로 살지 않는 사람은 성공하든 그렇지 않든 항상 불행하다. 성공은 기준이 될 수 없다. 성공은 많은 것들에 의존하기 때문이다. 행복이 기준이다. 행복은 오직 자신에게만 달려 있기 때문이다. 다른 경쟁자들 때문에 성공하지 못할 수도 있다. 나는 직관적으로 살지만 다른 사람들은 계산적이고 영악하고 교활하고 부도덕하게 살면 나는 경쟁에서 뒤질 수밖에 없다. 사회적인 성공은 많은 부수적은 조건들에 달려있다.

예수가 성공했다고 말할 수 있는가? 그의 십자가는 사회적인 눈으로 보면 실패한 인생일 뿐이다. 불과 서른세 살에 십자가에 못박혀 처형당한 사람, 그는 결코 성공한 사람이 아니었다. 그를 알고 기억해주는 사람은 별로 없었다. 소수의 시골사람과 무식쟁이들이 그의 제자였다. 그에게는 지위도 명성도 권력도 없었다. 무슨 성공이 이렇단 말인가? 예수의 십자가를 놓고 성공이라고 말할 수는 없다. 그러나 그는 행복했다. 그는 십자가에 처형을 당할 때조차도 더없이 행복했다. 예수를 처형한 사람들은 예수보다 오래 살았지만 불행했다. 그렇다면 누가 진정 십자가의 고통스러운 삶을 살았는가? 이것이 기준이 되어야 한다. 예수를 십자가에 매단 사람들, 그들이 십자가의 고통스러운 삶을 살았다. 예수는? 그는 행복한 삶을 살다 갔다. 어느 누가 행복을 십자가에 처형할 수 있는가? 예수는 무아경의 삶을 살다 갔다. 어느 누가 무아경을 십자가에 처형할 수 있는가? 그의 몸은 죽일 수 있어도 그의 영혼은 죽일 수 없다. 예수를 처형한 사람들은 오래 살았을지 몰라도, 그들의 삶은 불행의 연속이었다. 이것은 길고 더딘 십자가 처형이 아니고 무엇인가!

그러므로 먼저 직관과 내면의 인도자를 따른다고 해서 사회적인 성공을 거두는 것은 아님을 짚고 넘어가자. 직관과 내면의 인도자를 따르는 사람은 붓다나 예수의 눈으로 볼 때 성공한 사람들이다. 그 성공은 자신이 체험하는 행복과 지복으로 결정된다. 어떤 일이 일어나느냐는 문제가 아니다. 문제는 '내가 행복하다'는 사실이다. 세상이 나를 낙오자라 손가락질을 하든, 아니면 스타라고 치켜세우든 문제가 아니다. 그 어떤 경우에도 그는 행복하다. 지복이 흘러넘친다. 나에게 성공은 지복이다. 지복이 성공임을 아는 사람은 언제나 성공할 것이다.

그러나 사람들에게 지복은 성공이 아니다. 그들에게 성공은 다른 것이다. 사람들은 설령 불행한 성공이 된다 해도 세속적인 성공을 원한다. 성공만 한다면 불행할 준비가 되어있다. 사람들에게 성공이란 무엇인가? 그들에게 성공이란 에고와 욕망의 성취이지 지복이 아니다. 남들에게서 성공했다는 말을 듣고 싶어할 뿐이다.

"모든 것을 잃어도 좋다. 나의 영혼까지 잃어도 좋다. 지복이 나오는 순수를 잃어도 상관없다. 신성에 가까운 화평과 침묵을 상실해도 관계없다. 세상 모든 것을 잃고 미친 사람이 되어도 좋다. 세상 사람들이 '당신은 성공한 사람이오'라고 말해주기만 한다면 말이다."

세상에서는 에고 만족이 성공이다. 나에게는 지복이 성공이다. 남들이 나를 알아주느냐 아니냐는 관계없다. 내가 완전히 잊혀진 존재가 된다 해도 상관없다. 내가 지복 속에 있으면 나는 성공한 것이다.

세상에서는 그저 성공하기 위해 내면의 인도자를 찾고 직관을 얻으려는 사람들이 있다. 이 차이를 분명히 하라. 그들에게 내면의 인도자는 아무짝에도 쓸모없을 것이다. 그 전에 그들은 내면의 인도자를 찾을 수 없을 것이다. 설령 찾는다 해도 그들은 불행할 것이다. 그들이 궁극적으로 찾는 것은 에고 만족이나 세상의 인정이지 지복이 아니기 때문이다.

마음을 비우라. 성공을 지향하지 말라. 세상에 성공보다 큰 실패는 없다. 그러므로 성공하려고 발버둥치지 말라. 성공하려고 노력하면 반드시 실패할 것이다. 지복에 넘치는 존재가 되려고 노력하라. 매 순간 조금 더 지복을 느껴라. 온 세상이 실패자라 손가락질해도 실패자가 아니다. 그런 사람이야말로 성공한 사람이다.

붓다는 그의 친구나 가족, 아내, 아버지, 선생님, 사회 등의 눈으로 보면 실패자다. 붓다는 음식을 구걸하는 비구가 되었다. 무슨 성공이 이렇단 말인가? 그는 위대한 황제가 될 수도 있었다. 그는 그런 자질과 지성, 인격을 가지고 태어났다. 그는 분명히 실패자였다. 그러나 말하노니, 그는 실패자가 아니었다. 만약 황제가 되었다면 붓다는 자신의 인생을 잃고 실패자가 되었을 것이다. 그가 보리수 아래서 얻은 것이 참된 것이요 그가 잃은 것은 허상이었다.

참된 것으로 사는 자는 내면의 세계에서 성공한다. 허상의 세계에서 성공하고 싶은 사람은 교활함과 영악함, 경쟁심, 시기심, 폭력적인 마음으로 발버둥치는 사람들의 길을 따르라. 그들의 길을 따르는 사람은 내면의 인도자를 볼 수 없다. 세상 것을 얻고 싶은 사람은 내면의 인도자에 귀를 기울이지 말라.

그러나 온 세상을 얻는다 해도 종국에는 자신을 잃고 말 것이다. 예수는 말한다.

"온 세상을 얻은들, 자신의 영혼을 잃는다면 무슨 소용인가?"

여기 알렉산더 대왕과 십자가에 매달린 예수가 있다. 그대에게는 누가 성공한 사람으로 보이는가?

그대가 세상에 관심을 두면 내면의 인도자는 그대를 인도할 수 없다. 내면의 존재에 관심을 두면 내면의 인도자는 그대를 인도할 것이다.

시를 노래하라

서양의 언어로는 존재에 관한 많은 것들을 제대로 표현할 수 없다. 진리에 대한 동양의 접근방식은 근본적으로 서양과 다르다. 본질적으로 동양의 접근방식에는 침묵이 배어 있다. 같은 대상을 동양의 눈이나 서양의 눈으로 보면 비슷하게 보인다. 표면적으로 결론은 같아 보이지만 사실은 그렇지 않다. 조금만 깊이 들어가면, 조금만 깊이 파보면 많은 차이가 있음을 볼 수 있다. 약간의 차이가 아니라 거대한 차이이다.

일전에 바쇼(松尾芭蕉, 1644~1694), 일본 에도시대 전기의 하이쿠 작가. 바쇼의 문학은 여정(餘情)을 중시한 중세적인 상징미를 근세적인 서민성 속에 살린 것으로, 하이쿠의 예술성을 높인 공적이 매우 큼_역주 선사의 유명한 하이쿠Haiku, 5·7·5의 17음절로 구성되는 일본 고유의 짧은 시_역주를 읽은 적이 있다. 이 시는 서양 교육을 받은 사람의 눈으로 보면 시시해 보인다. 사실 교육에 관한 한, 동서양이 따로 없다. 이미 전 세계의 교육은 서양화되어 있기 때문이다.

침묵으로 들어보라. 문학적으로 보면 대단해보이지 않겠지만 이 시에는 깊디깊은 통찰이 배어 있다. 이 점이 중요하다. 이 시에는 더 없는 시심詩心이 담겨 있다. 이 시심을 이해하려면 깨어 있어야 한다. 지적으로는 이해할 수 없다. 직관의 눈으로 들을 때 이해할 수 있다.

바쇼의 하이쿠를 보자.

깨어서 보니
울타리 옆
냉이가 꽃을 피우누나!

언뜻 보기에 변변치 않은 시처럼 보인다. 먼저 영어로 번역된 바쇼의 시임을 감안하고, 시 정신 속으로 보다 깊이 들어가보자. 그의 시에는 완전히 다른 맛과 결이 있다.

냉이는 길가에서 자라는 평범한 들풀이다. 너무 흔해서 아무도 눈길을 주지 않는다. 귀한 장미도, 연꽃도 아니다. 호숫가에 핀 연꽃이라면, 만약 그게 푸른 연꽃이라기도 한다면 어떻게 그 연꽃에서 눈길을 뗄 수 있겠는가? 보는 순간 그 아름다움에 매혹될 것이다. 밝은 햇

살 아래 매혹적인 장미가 바람에 하늘거리기라도 한다면, 보는 사람은 이에 매혹될 것이다. 그 아름다움에 사로잡힐 것이다. 하지만 냉이꽃은 너무 평범한 꽃이다. 저절로 자라기 때문에 특별히 가꿀 필요도 없다. 냉이를 제대로 보려면 의식이 깨어 있어야 하고 그의 감각이 깨어 있어야 한다. 그렇지 않으면 냉이의 아름다움을 놓치기 십상이다. 비록 매혹적이지는 않지만 그 아름다움은 깊다. 비록 그 아름다움은 평범하지만 평범함 속에 비범함이 담겨 있다. 가슴으로 교감하지 않는 자는 그 아름다움을 엿볼 수 없다.

바쇼의 시를 처음 접하는 사람은 "울타리 옆에 핀 냉이꽃이 뭐가 그리 대수인가."라고 생각할지 모른다.

바쇼는 시의 말미에서 감탄을 하고 있다. 감탄의 아름다움은 어디에서 오는가? 아름다움은 냉이에서 오는가? 울타리 옆을 수많은 사람들이 지나갔겠지만 아무도 냉이꽃의 아름다움을 보지 못했다. 하지만 바쇼는 냉이꽃의 아름다움에 사로잡히고 도취되었다. 왜 바쇼만이 냉이꽃의 아름다움을 보았는가?

아름다움은 사실 냉이꽃에서 오지 않는다. 아름다움이 냉이꽃에서 오는 것이었다면 냉이꽃은 수많은 사람들의 시선을 사로잡았으리라. 사실 아름다움은 바쇼의 직관과 열린 가슴, 교감, 밝은 눈, 명상 속에서 나온 것이다. 명상은 연금술이다. 명상은 비금속을 금으로 변형시키고 냉이꽃을 연꽃으로 변형시킨다.

“깨어서 보니…….”

‘깨어서 본다’는 말은 각성과 명상, 사랑의 밝은 눈으로 본다는 말이다. 깨어서 가슴으로 보지 않으면 아름다움을 놓친다. ‘깨어서 본다’는 점에 주의를 기울이라. 이것은 명상적인 밝은 눈으로 본다는 뜻이다. 이것은 무슨 말인가? 명상적으로 본다 함은 마음 없이 보는 것, 의식의 하늘에 사면의 구름 없이 보는 것, 기억도 떠오르지 않고 욕망도 일어나지 않는 가운데 텅 빈 상태에서 보는 것을 말한다.

이렇게 무심의 경지에서 보면 평범한 냉이조차 아름다운 연꽃으로 변화한다. 지상을 초월하여 연화경으로 들어간다. 평범 속에서 비범을 발견한다. 이것이 붓다의 길이다. 평범 속에서 비범을 발견하는 일, 이 순간 속에서 모든 것을 발견하는 일, 전체를 발견하는 일, 붓다는 이를 타타타Tathata라고 했다. 여여如如라는 말이다.

바쇼의 하이쿠는 여여의 하이쿠이다. 가슴과 그 사람, 사념의 구름이 걷힌 의식, 무심으로 대상을 볼 때 우리는 경외의 세계에 있는다. 경이의 세계가 나타난다. 어떻게 이런 일이 있을 수 있는가? 냉이꽃이 그 아름다움을 드러낼 수 있다면 다른 모든 것도 그 아름다움을 드러낼 수 있다. 냉이꽃의 아름다움을 보는 자는 붓다가 될 수 있다. 냉이가 시를 노래할 수 있으면 돌이 설법을 할 수 있다.

“깨어서 보니 울타리 옆 냉이가 꽃을 피우누나!”

“피우누나.”

‘할 말이 없구나. 언어로는 그 아름다움을 표현할 길이 없구나. 단

지 암시할 뿐.'

하이쿠는 넌지시 암시하고 비춘다. 이와 비슷한 상황이 테니슨(Tennyson, Alfred, 1809~1892), 영국 빅토리아 시대의 계관시인. 대표작으로 『인 메모리엄(In Memoriam)』이 있음_역주의 유명한 시에서도 발견된다. 둘을 비교해보면 그 차이를 명확하게 알 수 있다. 바쇼는 직관적이고 테니슨은 지적이다. 바쇼는 동양적이고 테니슨은 서양적이다. 바쇼는 명상적이고, 테니슨은 사념적이다. 둘은 유사해보이지만 테니슨의 시가 바쇼의 것보다 훨씬 시적으로 보인다. 테니슨의 시가 보다 구체적이고 명확하기 때문이다.

갈라진 벽 속에 핀 꽃이여

나 틈바귀에서 너를 뽑아

뿌리째 여기 들고 있나니

작은 꽃이여

머리에서 발끝까지

너의 존재를 이해할 수 있다면

신과 인간의 존재도 알 수 있으리

아름다운 작품이기는 하지만 바쇼에 비하면 초라하기 이를 데 없다. 어디에서 테니슨이 완전히 달라지는지 살펴보자.

갈라진 벽 속에 핀 꽃이여

나 틈바귀에서 너를 뽑아

바쇼는 있는 그대로의 꽃을 본다. 그는 꽃을 뽑지 않는다.

바쇼는 수동적으로 깨어 있으며 테니슨은 능동적으로 공격한다. 사실 꽃에 사로잡힌 사람은 그 꽃을 꺾을 수 없는 법이다. 꽃은 자신의 가슴에 와닿는데 어떻게 꽃을 꺾을 수 있단 말인가? 꽃을 꺾는 행위는 꽃을 파괴하고 죽이는 일이다. 이것은 존재의 살해 행위다. 테니슨의 시에서 폭력을 지적한 사람은 없다. 하지만 그의 행위는 분명 폭력이다. 어떻게 아름다운 대상을 파괴할 수 있단 말인가?

하지만 인간의 마음은 그런 식으로 움직인다. 파괴적으로 말이다. 상대를 파괴해서라도 소유하고 싶어한다.

대상을 소유하는 일은 대상을 파괴하는 일이다. 이 점을 꼭 명심하라. 여자를 소유한다? 이것은 상대 여성 존재와 아름다움, 그녀의 영혼을 파괴하는 일이다. 남자를 소유한다? 그러면 상대 남성은 더 이상 인간이 아니라 하나의 물건이나 물품으로 전락한다.

바쇼는 꽃을 '깨어서' 본다. 집중해서 보는 것이 아니라 활짝 열린 눈으로 본다. 냉이가 행여 다칠까 봐 여성성으로 부드럽게 본다.

하지만 테니슨은 틈바귀 속에 핀 꽃을 아무 생각 없이 꺾으며 노래한다.

뿌리째 여기 들고 있나니

작은 꽃이여

테니슨은 분리되어 있다. 관찰자와 피관찰자가 만나 녹아들면서 하나가 되지 못한 것이다. 이것은 서로를 사랑하는 일이 아니다. 테니슨은 꽃을 뿌리째 뽑아 손에 들고 있다. 꽃의 존재를 파괴하고 말이다.

마음은 상대를 잡고 소유하고 지배할 때 행복해한다. 명상 속의 의식은 소유나 지배에 관심을 두지 않는다. 소유나 지배는 폭력적인 마음의 길이기 때문이다.

테니슨은 "작은 꽃이여."라고 노래한다. 그는 고자세로 꽃을 내려다본다. 그는 위대한 시인이자 지성인이다. "작은 꽃이여." 그는 자신의 에고 속에 머물고 있다.

바쇼의 마음에는 비교의 생각이 떠오르지 않는다. 자신이 존재하지 않는 것인 양, 자신에 대해서는 아무 말도 하지 않는다. 관찰자가 존재하지 않는다. 아름다움이 너무 거대해서 초월이 일어난다. 울타리 옆, 냉이꽃이 거기 있다. 바쇼는 냉이꽃 존재의 깊이를 보고 놀라움과 경이의 세계 속으로 빠져든다. 그 아름다움이 바쇼의 존재를 압도한다. 꽃을 파괴하여 소유하기보다는 오히려 꽃에 사로잡힌다. 그는 꽃의 아름다움과 순간의 아름다움, 지금 여기의 축복 속으로 전적으로 귀의한다.

테니슨은 노래한다.

작은 꽃이여

머리에서 발끝까지

너의 존재를 이해할 수 있다면

무엇이든 이해하려고 드는 강박관념. 사랑도 교감도 필요 없다. 우선 이해를 해서 지식을 긁어모아야 한다. 지식을 얻지 못하면 테니슨은 불안해한다. 테니슨에게 꽃은 물음표요 바쇼에게는 느낌표로 다가온다.

물음표와 느낌표, 둘 사이에는 거대한 차이가 존재한다.

바쇼에게는 사랑으로 넉넉하다. 사랑이 곧 이해다. 사랑을 넘어선 어떤 이해를 구한단 말인가? 그러나 테니슨은 사랑에 대해 아무것도 모르는 것 같다. 거기 있는 그의 마음은 먼저 지식을 구한다.

머리에서 발끝까지

너의 존재를 이해할 수 있다면

마음은 병적으로 완벽주의를 추구한다. 마음은 미지와 신비의 세계마저도 지식의 틀로 알아야 한다. '뿌리째' 이해해야 한다. 마음은 모르는 대상을 만나면 두려워한다. 마음의 힘은 지식에서 나오기 때문이다. 미지의 대상을 만나면 마음은 불안해한다. 그 미지의 대상을 자기 마음대로 할 수 없기 때문이다. 미지의 대상으로부터 적이 튀어나올 수도 있고 어떤 위험한 일이 발생할 수도 있다. 어떤 일이 생길지 모르기 때문에 마음은 불안해할 수밖에 없다. 따라서 미지의 대상과 접촉하기 전에 먼저 그 대상을 알고 이해해야 한다. 한 점의 신비도 남겨놓지 않아야 한다.

마음이 모든 것을 머리 속에 집어넣으면 시詩도, 사랑도, 신비도, 경이도 모두 사라진다. 영혼도, 노래도, 찬미도 모두모두 사라진다. 모든 것을 알고 소중한 것을 잃는다. 모든 것을 알고 삶의 의미를 상실한다.

마음의 패러독스를 보라. 마음은 먼저 "모든 것에 대해 알자."라고 하지만 실상 모든 것에 대해 알고 난 다음, "삶에는 아무런 의미가 없어."라고 말한다.

삶의 의미 자체를 없애고 나서 의미를 찾는 형국이다. 마음은 의미를 파괴하는 자다. 마음은 모르는 것을 모르는 대로 남겨두지 못하기 때문에 미지의 신비가 남아나지 않는다. 그러나 삶의 참다운 의미는 미지의 신비 속에 있다.

아름다움과 사랑, 신, 기도 등의 참다운 가치는, 참으로 의미 있는 것은, 삶을 살 만한 가치가 있는 것으로 만드는 것은 모두 미지의 세계다. 미지는 신의 다른 이름이요 신비와 기적의 다른 이름이다. 미지의 세계가 없으면 가슴속의 경이가 있을 수 없고, 가슴이 뛰는 삶의 경이가 없으면 그런 가슴은 생명을 상실한다. 삶에 대한 외경심이 없는 사람은 참으로 소중한 것을 잃는다. 그런 사람은 눈에 먼지가 내려 앉아, 밝은 눈을 상실한다. 그런 사람은 새가 노래를 해도 아무런 느낌도 감동도 받지 않는다. 가슴이 굳어진 것이다. 새에 대해서도 모든 것을 안다고 생각하기 때문이다.

푸르른 나무를 보고도 춤이 나오지 않고 노래가 나오지 않는다. 자신의 존재에서 시가 나오지 않는다. 엽록소와 광합성의 지식으로 자신은 나무에 대해 다 안다고 생각하기 때문이다. 그래서 시적인 요소가 남아 있을 수 없다. 대상에 대한 지식으로 가득 찬 사람에게는 시가 사라진다. 지식은 생활을 위해 편리하지만 궁극의 문제는 해결하지 못한다.

미지의 세계를 신뢰하지 못하는 사람이 어떻게 장미의 아름다움을 알아볼 수 있겠는가? 아름다움은 어디에 있는가? 물질에 있는가, 아니면 장미라는 물질 너머에 있는가? 장미를 잘라 분석한다고 그 속에서 아름다움이 나오기라도 한단 말인가? 미지의 세계를 믿지 않는 사람은 영혼을 찾기 위해 죽은 사람을 검시한다. 하지만 그는 어느 곳에서도 영혼을 찾지 못한다. 신을 찾는 사람도 신을 찾지 못한다. 신은 모든 곳에 있기 때문이다. 인간의 마음은 끊임없이 신을 놓친다. 마음은 대상으로써의 신을 찾지만 신은 대상이 아니다.

신은 존재다. 존재계의 소리 없는 소리, 한 손으로 치는 손뼉소리, 인도 신비가들이 말하는 천상의 음악인 아나하트Anahat, 신비의 세계 등에 파장을 맞추라. 그러면 참으로 존재하는 것은 신뿐임을 알 수 있다. 신은 존재계와 동의어다.

이것은 머리로 이해할 수도, 지식으로 쌓을 수도 없다. 테니슨은 이 점을 놓치고 있다. 그래서 삶의 모든 것을 놓치고 있다.

테니슨은 노래한다.

작은 꽃이여

머리에서 발끝까지

너의 존재를 이해할 수 있다면

신과 인간의 존재도 알 수 있으리.

바쇼는 그의 느낌표에서 신의 존재와 인간의 존재를 알고 있다.

"울타리 옆에 핀 냉이꽃, 존재가 참으로 아름답구나!"

그날이 보름밤이었을 수도 있고 아니면 이른 아침이었을 수도 있다. 나의 눈에는 미동도 하지 않고 길가에 서서 존재의 아름다움에 놀라움을 금치 못하는 바쇼가 보인다. 냉이꽃, 너무나 아름다운 꽃……. 과거도 미래도 모두 사라졌다. 마음에는 사념의 티끌도 떠오르지 않고 아름다움이 놀라움으로 다가온다. 그 순간 바쇼는 어린아이가 되었다. 사랑스럽고 주의 깊게 냉이꽃을 보는 어린아이의 순수한 눈이 되었다. 그런 사랑과 가슴 속에서 완전히 다른 형태의 이해가 떠오른다. 그 이해는 지적이거나 분석적이지 않다. 테니슨은 전체상황을 지식화함으로써 그 아름다움을 파괴했다.

테니슨은 서양을, 바쇼는 동양을 상징한다. 테니슨은 남성적인 마음을, 바쇼는 여성적인 마음을 상징한다. 테니슨은 마음을, 바쇼는 무심의 경지를 상징한다.

목적을 정하지 말라

필요한 것은 발견에 대한 열정이다. 그런 다음 홀로 광대하고 무한한 세계를 향하여 나아가라. 세계에 신뢰를 쌓아가고 삶에 자신을 맡기면 죽음의 순간에서도 '바로 이것이다!'라고 말할 수 있다.

목적과 방향의 차이는 미묘하다. 이것은 마음과 가슴의 차이, 논리와 사랑의 차이, 좀 더 정확하게 말하면 산문과 시의 차이와 같다.

목적은 명확하게 정해진 것이요 방향은 직관적인 것이다. 목적은 외부세계에 속한 것이요 사물과 같은 것이다. 방향은 내면의 느낌이요 주관적이며 사물과 같지 않다. 방향은 느낌의 대상이지 지식의 대상이 아니다. 목적은 지식의 대상이지 느낌의 대상이 아니다. 목적은 미래에 있다. 우리는 일단 결정하면 자신의 삶을 그쪽으로 밀어붙인다.

미래란 우리의 소관이 아니다. 누가 미래를 결정할 수 있는가? 누가 미지의 것을 결정할 수 있는가? 어떻게 미래를 고정하는 일이 가능하단 말인가? 미래는 미지의 것이다. 미래는 열린 가능성이다. 일단 목적을 정하면 미래는 더 이상 미래가 아니다. 열려 있지 않기 때문이다. 목적을 정하는 일은 많은 가능성 중에서 하나를 선택하는 일이요 자신의 미래를 그쪽으로 고정하는 일이다. 이러면 미래는 더 이상 미래가 아니라 과거가 된다.

목적을 결정할 때 이를 결정하는 것은 과거다. 과거의 경험, 과거의 지식이 결정한다. 이것은 미래를 죽이는 짓이다. 자신의 욕망에 따라 여기저기 변화를 주고 수정하겠지만 결국 과거를 되풀이한다. 색깔을 다시 칠해 새롭게 하겠지만 이 역시 과거에서 온다. 이렇게 하여 우리는 미래를 잃는다. 목적을 정함으로써 미래의 길을 잃는다. 이렇게 미래를 결정하는 사람은 그 생명을 잃고 기계로 전락한다.

방향을 따라가는 사람은 살아있다. 순간을 산다. 미래도 모르고 과거도 모르고 지금 여기서 고동친다. 이렇게 고동치는 순간으로부터 다음 순간이 창조된다. 이 순간은 마음의 결정에서 나오지 않는다. 이 순간을 완전히 몰입해서 살아감으로써, 이 순간을 전체적으로 사랑함으로써 다음 순간이 탄생한다. 이것은 자연스러운 방향에 따라 흐르는 것이다. 이 방향은 그대에게서 나오는 것이 아니라 자연스러운 흐름에서 나온다.

인간은 방향을 결정할 수 없다. 자신에게 주어진 이 순간을 살 수 있을 뿐이다. 순간을 살아감으로써 방향이 나타난다. 춤을 추면 다음 순간은 더 깊은 춤이 되어 나타난다. 자신이 결정해서가 아니라 이 순간을 춤을 춤으로써 나타난다. 이것은 자연스럽게 나타나는 방향에 따라 흐르는 것일 뿐, 그 방향에 자신의 욕망을 투사하는 것이 아니다. 이 순간을 춤추면 다음 순간은 더 깊은 춤으로 흘러넘치고 계속하여 깊이 들어간다.

목적은 마음이 결정한다. 방향은 삶을 살아감으로써 나타난다. 목적은 논리적이다. 우리는 의사를 꿈꾸고 엔지니어와 과학자, 정치가를 꿈꾼다. 부자를 꿈꾸고 유명한 사람이 되는 것을 꿈꾼다. 이것이 목적을 결정한다. 그렇다면 방향이란 무엇인가? 방향에 따라 흘러가는 사람은 삶이 주는 대로 깊은 신뢰 속에서 순간을 산다. 이 순간을 전체적으로 살며 이런 전체성 속에서 새것이 태어난다. 이 전체성으로부터 과거는 녹아들고 미래가 그 모습을 드러낸다. 이 모습은 그대가 만든 것이 아니라 자연스럽게 태어나는 것이다.

임제 선사가 임종을 맞고 있었다.

한 제자가 이렇게 말했다.

"큰스님께서 가시고 난 뒤에 사람들은 큰스님의 가르침이 뭐냐고 물을 겁니다. 저희들에게 많은 것을 말씀해 주셨습니다. 스님의 가르침을 요약해서 말하기란 쉽지 않을 겁니다. 스님이 가르침을 요약해서 말씀해 주시면 저희들이 이를 잘 간직하여 묻는 사람들에게 말을 해줄 수 있을 것 같습니다."

서서히 육체를 떠나던 임제가 눈을 뜨고 사자후를 토했다. 대중이 모두 기겁을 했다. 그들 모두는 어떻게 죽어가는 스승이 그런 사자후를 토할 수 있는지 의아해했다. 그 누구도 예상하지 못한 일이었다. 스승은 항상 그랬다. 그렇지만 이런 임종의 자리에, 모든 에너지를 소진하고 육체를 벗는 순간에 그런 사자후를 토해내리라고는 누구도 예상할 수 없었다. 제자들이 기겁하고 어안이 벙벙하여 마음이 멈춘 순간, 임제는 "바로 이것이다."라는 한 마디를 뱉고 눈을 감았다.

바로 이것이다!

이 순간, 이 침묵의 순간, 사념에 의해 더럽혀지지 않은 순간, 이 놀람의 순간, 죽음 앞에서 마지막 사자후를 토하는 순간……. 바로 이것이다!

그렇다, 방향은 바로 이 순간을 살아감으로써 나온다. 이것은 우리가 꾸미고 계획하는 것이 아니다. 이것은 미묘하고 자연스럽게 일어난다. 어떻게 일어날지는 아무도 모르는 일이다. 우리는 그저 이를 느낄 수 있을 뿐이다. 그러므로 나는 이것이 산문보다 시에 가깝다고 말한다. 논리가 아니라 사랑에, 과학이 아니라 예술에 보다 가깝다고 말한다. 이것은 어디로, 왜 떨어지는지 모르는 풀잎의 이슬방울과 같다. 이것이 방향에 따라 흐르는 것의 아름다움이다.

방향은 신묘하고 섬세하고 부드럽다.

목적은 에고에서 나온다. 방향은 삶에서 나오며 존재에서 나온다.

방향을 따라 흐르기 위해서는 깊디깊은 신뢰가 필요하다. 열린 공간의 어둠 속을 가야 하기 때문이다. 이 어둠 속에서 전율이 흘러나온다. 그 어떤 지도도, 인도도 없이 미지의 세계로 흘러간다. 매 순간이 새로운 발견이다. 외부에서도 발견할 뿐 아니라 내면에서도 발견한다. 사물을 발견할 뿐 아니라 끊임없이 미지의 세계를 발견하고 자신을 발견한다. 앎이 깊어짐에 따라 아는 자를 더 많이 알게 된다. 사랑이 깊어짐에 따라 사랑하는 자를 더 많이 알게 된다.

나는 그대에게 목적을 주지 않는다. 나는 방향을 가르쳐줄 뿐이다. 깨어서 고동치는 삶과, 미지의 세계와, 가슴 뛰고 항상 놀라고 예측할 수 없는 방향을 줄 따름이다. 나는 그대에게 지도를 주지 않는다. 나는 그대에게 발견에 대한 열정을 불러일으킬 뿐이다.

그렇다. 지도는 필요 없다. 필요한 것은 발견에 대한 열정이다. 그런 다음 나는 그대를 홀로 남겨둔다. 그러면 그대는 홀로 길을 간다. 광대하고 무한한 세계를 향하여 나아간다. 점점 그 세계에 신뢰를 쌓아간다. 삶에 자신을 내맡겨라. 신뢰하는 사람은, 죽음의 문에서 전율하는 사람은 사자후를 토할 수 있다. 그는 아무도 죽지 않음을 안다. 죽음의 순간에서도 그는 "바로 이것이다."라고 말할 수 있다.

매 순간 바로 이것이다! 그것은 삶일 수도 있고 죽음일 수도 있다. 그것은 성공일 수도 있고 실패일 수도 있다. 그것은 행복일 수도 있고 불행일 수도 있다.

매 순간……바로 이것이다!

저자에 대해

오쇼의 가르침은 어떠한 틀로도 규정하기 힘들 만큼 다양한 주제를 다루고 있으며, 삶의 의미를 묻는 개인적인 문제에서부터 현대사회가 안고 있는 정치·사회적인 문제까지 거의 모든 주제를 망라한다. 오쇼의 책은 저자가 직접 저술한 것이 아니라, 근 35년 동안 다양한 국적의 청중들에게 들려준 즉흥적인 강의들을 오디오와 비디오로 기록하여 책으로 펴낸 것이다. 런던의 《선데이 타임스Sunday Times》는 오쇼를 '20세기를 빛낸 천 명의 위인들 중 한 명'으로 선정했으며, 미국의 작가 톰 로빈스Tom Robbins는 '예수 이후 가장 위험한 인물'로 오쇼를 평하기도 했다.

자신이 해온 작업에 대해 오쇼는 신인류의 탄생을 돕고 있다고 표현했다. 그리고 그는 이러한 신인류를 종종 '조르바 더 붓다Zorba the Budda'라고 인물화시켰다. 희랍인 조르바처럼 세속적인 기쁨을 누리면서 고타마 붓다처럼 깊은 침묵을 즐기는 사람을 일컫는다.

오쇼가 해온 모든 작업을 한데 엮어 보면, 시간을 초월하는 동양의 지혜와 서양의 과학과 테크놀로지의 차원 높은 잠재력의 만남이라고 할 수 있다.

그는 또한 명상이라는 접근법을 통하여 내면의 변형에 혁명적인 공헌을 했다. 그가 개발해낸 독특한 동적 명상법들은 몸과 마음에 축적된 스트레스를 제거하도록 특별히 고안되었다. 그리하여 사념이 없는 상태, 전적인 이완만이 남아 있는 명상 상태를 체험하기가 수월해진다.

오쇼의 생애에 대해서는 『오쇼 라즈니쉬 자서전 — 길은 내 안에 있다Autobiography of a Spiritually Incorrect Mystic』와 『황금빛 추억 Glimpses of a Golden Childhood』에서 더 많은 정보를 얻을 수 있다.

오쇼 국제 명상 휴양지

오쇼 국제 명상 휴양지는 휴식과 놀이가 어우러지는 분위기 속에서 좀 더 깨어 있는 의식으로 새로운 삶의 방식을 체험해 볼 수 있는 명상 센터이다. 오쇼 명상 휴양지는 인도 뭄바이Mumbai에서 남동쪽으로 160km 떨어진 푸네Pune에 위치하고 있으며, 해마다 전 세계 100여 개 이상의 나라에서 찾아오는 수많은 방문객들에게 다양한 프로그램을 제공하고 있다. 본래 인도의 귀족층과 영국 식민시대의 고위층들을 위해 여름 휴양지로 개발된 푸네는 현재 유수의 대학들과 첨단 기술산업의 중심 도시로 눈부시게 성장하고 있으며, 명상 휴양지는 코레곤 파크Koregaon Park로 알려진 곳에 약 5만 평의 규모로 자리 잡고 있다.

휴양지 내에 최신 설비를 갖춘 게스트하우스가 들어서 있으나 수용인원의 한계로 제한된 숫자의 방문객들만이 이용할 수 있으며, 그 주변에도 방문객들의 숙박을 위한 수많은 호텔들이 있다. 또한 가까운 곳의 개인 아파트를 임대하여 짧게는 며칠, 길게는 몇 달까지도 머무를 수 있다.

오쇼가 말하는 '신인류'란 일상의 삶에 적극적으로 참여하는 동시에 명상과 침묵 속으로 릴랙스할 수 있는 사람이며, 휴양지에서 제공하는 모든 명상 프로그램은 이런 오쇼의 비전에 바탕을 두고 있다. 각종 프로그램들은 냉방장치가 완비된 현대적인 시설 속에 진행되고 있으며, 다양한 종류의 개인 강좌와 수련 코스, 그룹 워크숍이 행해지는데, 여기에는 창조적인 예술 활동과 육체적·정신적 치료 요법, 테라피, 주술, 선禪을 도입한 스포츠와 레크리에이션, 인간관계의 개선 등 삶의 변화를 모색하는 다양한 방법들이 망라되어 있다. 개인 강좌와 그룹 워크숍은 일년 내내 개설되어 매일 다양한 명상 프로그램에 참여할 수 있다.

휴양지 내의 노천 카페와 레스토랑에서는 전통적인 인도 음식과 다양한 국가별 음식들을 선보이고 있다. 모든 채소는 휴양지가 자체 소유한 농장에서 유기농법에 의해 재배되며, 휴양지 내에서는 자체 살균된 식수를 제공하고 있다. 좀 더 상세한 정보를 원할 경우 www.osho.com/resort를 방문하면 된다.

www.osho.com에 방문하면 더 자세한 정보를 얻을 수 있다. 이 웹사이트는 여러 나라의 언어로 번역되어 있으며, 잡지, 도서, 오디오, 비디오, 영어와 힌두어로 된 사이버 도서관, 그리고 오쇼의 명상법에 대해 다양한 정보를 제공한다. 또한 오쇼 멀티버시티Osho Multiversity에서 행해지는 명상 프로그램 일정과 오쇼 국제 명상 휴양지에 대한 다양한 정보를 얻을 수 있다.